먼 기억 속의 털외투

백공 정 광 일의 시화詩話집

도서출판 청옥문학사

목록

운 문

산 문

운 문

울 엄니

울 엄니 가난한 집에 시집와서 생계 걱정에
못난 지아비 향해 욕 한번 못하고
오늘 내일 미룬 것이
몹쓸 병마에 지아비 잃고
많이도 내지른 자식들 걱정에
내 몸 돌볼 새 없이 물불을 우스워 하시더니
언제부턴가 자식들마저 며느리들에게 다 내주고
둥지에 홀로 남겨진 허무함에
'이제는 하고픈 것 다하며 살란다.' 하셨다

그것도 복이던가.
위암에 굴복하여 밥통을 내주고
'창시만으로도 살수가 있으니 그것도 복이라' 하셨다
그놈의 복이 뭐 길래
이제는 돌덩이에게 쓸개마저 빼앗겼다
고통으로 일그러진 울 엄니
'세상 무서운 것 없다' 더니

"내 전생에 뭔 죄를 지었던가!
먹고살자고 밤을 낮 삼아 뛴 죄뿐인데"
넋두리 한 마디가 아픔만 가득하다.

사랑의 확인법

"여보세요. 어머니 접니다"
"어! 애비냐?"
"네 어머니 식사 하셨어요?"
"그래, 오늘은 일찍 먹었다"
"그래요, 편히 쉬세요. 끊습니다"
"그래, 잘 자거라"

저녁 일곱 시,
어머니와 아들의 통화通話내용 전부다
어머니와 아들의 사이 천릿길
보이지는 않지만 목소리 듣는 것만으로 즐겁다
딱히 할 말도 없다
몇 마디의 대화만 오갔을 뿐이다
그러나 자식은 안다
어머니의 목소리만으로 건강을 체크하기 때문이다
어머니도 안다
자식의 목소리만으로 자식의 하루를 보았기 때문이다
그제야 마음을 놓고 웃으며 잠든다
함께 있지 못해 죄스런 마음
건강만이라도 확인을 했으니까.

홍시

우리 집 대봉감 빨갛게 익는 이유
나와 남모를 사랑에 빠진 까닭이다

잘 만져보고 홍시만 찾아 먹으라는
수화기 너머,
어머니의 말씀을 엿들은 걸까

조그만 관심에도 발갛게 익는 볼
금세 터질 것 같은 수줍음이다

참지 못하여 포개는 입술에
흐믈흐믈 고이는 달달한 사랑.

어머니라는 이름

세상에서 나를 가장 크게 바라봐주는 사람
세상에서 나를 가장 잘 아는 사람
죄 없이도 그 앞에선 한없이 작아지게 하는 사람
아니, 지은 죄가 큰데도 그를 모르게 하는 사람

일찍 할머니의 그 윗대부터 불린 이름이고
어머니의 그 윗대가 가진 이름이며
아내가 그리고 딸아이가 혹은 그 자녀가
거룩한 희생으로 가지는 이름이기 때문인지 모른다

어머니라는 이름 자체가
자신의 모두를 나누라는 존재인가 보다
내 태어남이 아버지의 몸이지만
그를 품으로 받아서 세상에 나오기까지
세상에 나와서 그분 시야를 벗어날 때까지

어머니라는 이름은 퍼주고 또 퍼줄 줄만 안다
눈을 감을 때까지 자식을 염려로 바라봐야하는
받을 줄만 알았지 갚을 길 없게 하는 이름
그분의 외로움을 지켜주지 못하는
죄스러움이 어머니라는 이름인가 보다.

고향집엔 울 엄니가 산다

거품가약(佳約)*에 혹독한 청상의 짐을 떠안고
숱하게 흘렸을 눈물구비 마다하지 않았던
울 엄니의 가엾은 희생만 동그마 한 고향땅
아들 많이 낳았다고 목에 힘주며 자랑했으니
그냥 기대어도 될, 장성한 자식들에게 짐 되지 않겠다며
넷씩이나 되는 며느리의 밥상도 거절하시고
홀로 지아비 무덤을 지키시며 사는 땅
부모의 정 알아가는 나이인데
나이든 자식이 뭐 그리 예쁠까
으악새 머리에 이고
'아이고 허리야'
'아이고 다리야' 노래를 하면서도
손자 안은 자식을 위해 밥상을 차리시고
내 새끼 목구멍에 들어가는 밥숟갈
지긋이 바라보며 즐거워하시던
일편단심 자식바라기 울 엄니
수화기너머 손사래 치는 목소리
"피곤한데 하루나 더 쉬지 뭐 하려고 오냐"
고물차 휘파람 부는 고속도로 위
피곤도 잊고 울 엄니 찾아 나선 고향길.

*가약(佳約):부부가 되자는 약속

울 엄니의 이별 법

"엄니 갈게요"
그렇게 이별은 시작되고
건물 뒤편으로 빠르게 사라지는
아들의 차를 보며
손을 흔드시는 울 엄니
"응! 어서가, 그래 조심히 가거라!"
홀로 남겨질 자신의 처지는 아랑곳 하지 않고
먼~ 길 떠나는 자식
무사귀가가 우선인 울 엄니
잘 가라는 중얼거림만 길모퉁이를 따라나선다
"내 새기 저기 간다"
"내 새끼 저기 간다"
떠난 자식은 보이지 않아도
울 엄니의 손 흔듦은 멈추지 않는데
무심한 자식은 알 턱이 없다
어른이 되어 처자식 거느리며
자신들의 울타리에서 가장이라 하지만
여전히 철부지로 보이는 자식 놈
잘 갔다는 전화가 올 때까지
맘 조리는 이별이다.

어미

붉은 머리 오목눈이는 참 바보 새입니다
자신의 알보다 더 큰 뻐꾸기 알을 품었고
저보다 배나 큰 새끼를 먹이느라 피골이 상접한데
다자란 그 새끼는 떠나는 데 미련이 없습니다
이미 자신과는 아무런 관계없는
다른 나라의 뻐꾸기새끼일 뿐입니다

미안하다는 말은
이미 삭제된 언어가 되어버린
그와 같은 관계
당신과 나

무슨 씻지 못할 악연일까요
전생이 있다면 그 엮인 잘못이 뭐기에
당신 평생을 주기만하는 삶이었을까요?
왜, 당신은 주기만 해야 할까요?
왜, 나는 받기만 해야 했을까요?

날아간 뻐꾸기새끼처럼
당신에게 아무것도 돼 주지 못하는
그저 새끼라는 못난 이름만 쥐고 있습니다
언제나 아기처럼 근심걱정 안기는 존재

그러기에 늘 죄송한 마음이지만
엮여버린 모자의 관계를 바꿀 수는 없습니다

만약에, 후생이 있다면 말입니다
우리의 관계를 바꿔봐야겠습니다
그래서 평생 받아온 이 사랑 되돌려보렵니다.

귀양歸鄕

가난한 집 넷째로 태어난 죄
책임도 못 지면서 아내를 맞은 죄
무리하게 자식을 다섯이나 둔 죄
대책 없이 남보다 먼저 병을 얻은 죄
자식들이 도움도 되지 못하게 하여
그 가슴에 한을 심은 죄
젊은 나이에 아내를 청상으로 만든 죄

그것이 귀양의 명목이다
그렇게 떠난 아버지는
자식이 손자를 보았는데도 사면 받지 못했다

어머니의 외로운 한숨소리
연일 방문을 열고 있는데
그 어디에도 없는 방문의 흔적

귀양살이
사면되어 올 때도 되었건만
잊었나 보다
오랜 헤어짐이라도 가족이 기다린다는 걸
하루가 다르게 변해버린
산천이 낯설어

돌아오는 길 잊었는가 싶어
촛불로 길 밝히고 향으로 유도하지만
눈멀고 후각 잃은 우리 아버지
어디서 길을 잃고 헤메일거나.

울 엄니 2

새벽안개 사이로 드러난 붉게 상기된 얼굴
참 행복해 보인다

동산의 품에 안겨서 그는 행복할까?

하루를 정리하는 낙조
쉼이 기다려선지 참 홀가분해 보인다

서산을 찾아가는 그는 행복할까?

강일엄마
그녀의 수호신이 산으로 가고
산 그림자는 하루 한 번씩
꼬박 31년 동안 그녀를 찾았다

검은 하늘을 이고 살던 그녀
참 어이없게도
꽃 한번 제대로 피워보지 못했는데
홀로 지켜온 세월위에
어느새 찾아온 겨울 빛만 수북하다.

가화家花

안개 속에서 하루가 기지개를 켠다
아직은 더 여도 좋을 잠을 밀쳐내며
서두르는 팔십 평생이건만
호의호식은커녕 병만 얻으셨다

아들들 버티는 현장
든든해서 안 아프겠다 말들 하지만
아무리 효자, 효부라도
아픔은 나눠질 수 없는 것

낙엽이 진다고 슬퍼하는 이여!
가을이라고 어디 낙엽만 진답디까?
억새꽃 바람에 날리듯
먼지처럼 비산하는 어머님의 젊음들

내 어머니의 부지런한 웃음으로도
오는 저녁은 막을 수 없는가봅디다
훌훌 떠나버린,
언제나 일 것 같던 어머님의 강철체력도
그렇게, 그렇게 비워지는 걸 보니.

어머니의 세월

이불아래
달콤한 잠의 유혹을 뿌리치며
삶의 노래인 냥
발밑을 스치는 풀잎의 노래에 취해
별들과의 유희를 즐기며
이슬로 발을 씻어왔던
갯것장사 60여 성상

어머니 걷던 새벽길에 서보니
새벽별 변함없이 빛나지만
내 어머니 젊음은 사라지고 없다

아, 무정한 세월이라더니
가족을 위한 희생임에도
한 치 양보 없이 빼앗아가는
울 어머니의 젊음
아! 세월아, 세월아.

어머니의 수다는 부재중

언제부턴가 어머니에겐
여자의 주 무기인 수다가 사라졌다

매일 잠자리에 들기 전
편안한 잠을 주무시려고
수다쟁이를 떼어놓는데

그것이 목욕탕에서
홀로 버림받았다고
냉전중이기 때문이다

어머니가 자신을 착용한 채로 잠들기 전 까지는
아마도 어머니의 입에서 수다는 찾을 수 없을 것이다.

아버지는 부재중

성질이 온화하여 법 없어도 산다던 그분
좋은 시절도 만나지 못하고
52세의 짧은 나이에
세상 싫다고 아내를 청상으로 만드셨다

책임도 못 지면서
백년가약은 왜 맺으셨는지

봄
여름
가을
겨울

해바라기는 해를 기다리는데
얼마나 먼 길을 여행 중인지
한 많은 기다림 위엔 겨울바람만 풍년이다.

울 어머니의 노래

아이고, 허리야
아이고, 다리야
아그그, 팔이야
으이그, 죽것네

작사자도 없고
작곡자도 없는
구구절절 심금을 울리는 노래
어쩌면 저렇게도 잘 부르실까

이 세상 어떤 가수가 이렇게도 가슴을 울릴까
이 세상 어떤 노래가 이렇게 깊이 못을 박을까
대신 아파줄 수 없고
함께 아파해 줄 수가 없는
그저 바라만 보아야 하는 자식

오늘도 불러보는 어머니의 노래가
따뜻한 방안인데도
자식 가슴에 찬바람을 불러온다

아이고, 다리야
아그그, 팔이야.

대지大地의 사랑

대지大地의 모성은 참 바보스럽다
세상 모든 걸 잉태하고 생산했어도
인간만큼은 생산하지 말아야 했는데

품을 것,
못 품을 것,
구별을 못하더니

가엾기도 하지
외면할 수 없다고
통째로 젖가슴을 물리고 있다

대지大地의 모성이라는 것
어리석음인지,
고귀한 희생인지.

아줌마

끙끙
커다란 시장바구니가 마을버스에 오른다

아직 이른 퇴근시간
번잡하지 않은 마을버스
하늘이 보이는 곳에 자리를 잡고
한숨 돌리던 그녀가 탄성을 지른다

"어머, 하늘 좀 봐 어찌 저리도 맑지"

가족이라는 굴레를 벗어나지 못한 여인
허리 펴서 하늘 볼 여유도 없었음인가
누구나 보아온 하늘을 이제야 바라보며
'맑다' 말하는 그녀
작은 여유로움도 모두 쓸려갔을
세월 비켜간 자국들 안면에 가득한데

솟구치는 가족 사랑의 힘
아마도 그 원동력은 이름에 있을 것이다
세상사 초월하는 어머니라는 이름말이다.

닮은 꼴

나이 들어 아버지를 닮아간다지만
어쩌면
할아버지를 닮아간다 해야 옳을 일이다

내 아버지 쉰둘에 세상을 떠났으니
내 기억 속의
아버지는 최소한 나보다 젊었었다

거울에 비친 나를 본다는 것은
아버지가 아닌
한 번도 보지 못한
할아버지 사진을 닮아있기 때문이다.

어깨를 펴라 시던 말씀

비틀걸음 걷지 마라
처지 빈약하여 사방 어디에 눈 둘 곳 없어도
내딛는 걸음걸음 힘을 주어라

세상 끝난 것도 아닌데
벌써 비틀거릴 필요는 없지 않은가

내딛는 걸음이 자존심 하나라도
너이기 때문에
허방은 짚지 말아야 하는 때문이다

오만한 세상은
비틀거리는 사람을 위해
아무것도 주려하지 않는다.

꽃잎 날리는 거리에서

꽃잎 날리는 거리에 서보니
안하무인 동장군도
시간 앞에선 끝내 유순해지고

꽃들의 화려한 날도
세월의 무심함엔 영원한 아름다움도 없으니
세상바람 앞에 날리는 꽃잎일 뿐

내 젊음 송두리째 사라져 가듯
누구의 노래던가
“고장 난 시계는 멈췄는데
저 세월은 고장도 없다”는
그 가사가 가슴에 절절하네.

산 문

먼 기억 속의 털외투

1975년 12월 하순
크리스마스가 지난 그해 마지막 금요일
흰 눈이 몹시도 내리던 그날,
연병장 가득 도둑놈들 집단처럼 배낭을 하나씩 둘러메고
또릿한 눈망울들이 밤을 환하게 밝히고 있었다.
연단에 올라선 대대장의 일장 훈시를 끝으로
자대배치 특명이 인사계의 입 속에서
조용한 밤하늘에 울려 퍼지고 있었다.
자신은 좋은 곳으로 배치되길 바라는 염원의 표정들이
하나씩 기쁨과 슬픔으로 바뀌고,
거부할 수 없이 체념하고 받아 드리는 긴장의 시간들이 지나고,
부대의 대이동은 시작되었다.
사회생활을 잠시 접어두고 군에 입대해서
조국 사랑과 가족사랑 으로 정신 무장을 마친
햇병아리 수준의 국토지킴이가 되어
일선부대로 실전 배치되어 가는 것이다.
더러는 설레고 더러는 두려워 몸도 마음도
바짝 긴장의 끈을 놓지 못한다.

긴 차량 행렬이 도착한 곳 광주역
부모 형제들은 다 잠들었을 시각
개인행동을 통제 당한 채

호랑이 같은 조교들의 지시를 따라
역 광장 한곳에 집결을 하여 정렬을 하고
간단한 주의사항을 전달 받은 후
5분간 가족면회를 허락해 주었다
딱 5분, 어떻게 알고 찾아왔는지
그 많은 사람들이 가족 상봉하느라 온통 아수라장을 방불케 했다.
참으로 어이가 없는 것은 나만 모르고 있었다는 것이다.
후일 안 일이지만 암암리에 조교들과 거래가 있었던 듯
내용을 훤히 알고 있는 조교들에게 편지를 주고
조교들은 외출할 때 편지를 전하고
물론 조금의 뒷거래는 있었을 일,
고향집에 아무런 연락도 취하지 못한 나는 부러운 눈으로
그들을 물끄러미 바라만 볼 수밖에,
짧은 5분이었지만 할 이야기 다하고 가족 상봉이 끝이 났다.
오리걸음으로 열차에 올라탔고
차에 탑승 후에 조교의 지시대로 차량커튼을 일제히 내렸고
그렇게 잠시 적막이 감돌았다.
잠시의 덜컹거림이 있은 후
열차는 서서히 플랫폼을 빠져나가고 있었다.
열차가 움직이자 조교들은 커튼을 올려도 된다고 했다.
올려보아야 별일도 없지만,
우선의 답답함을 해소하기위해 커튼을 올리고
서서히 다가왔다 멀어져가는 가로등만 바라보며
그렇게 멍하니 앉아있었다.
그런데 어느 순간 내 눈을 의심하는 사건이 일어났다.

눈발이 내리치는 역 플랫폼.
거의 끝나는 마지막 가로등 아래
자식을 애타게 부르며 서있는 아버지의 모습
그리운 아버지의 모습이 거기 있었다.
울컥 가슴이 메워지고, 말없이 흐르는 눈물
이것저것 생각할 겨를이 없이 창문을 올렸다.
"광일아!"
"광일아!"
분명 내 아버지였다.
내리는 눈발을 뒤집어쓰고 있는 가로등 아래에 서서
자식의 이름을 애타게 부르고 있는
그분은 분명 내 아버지였다.
"아버지!"
"아버지!"
그냥 나도 모르게 한없이 손을 흔들었다.
다음에 나올 말은 목이 메어 잇지를 못하고,
그렇게 열차는 플랫폼을 떠나고 있었다.
안타까워하는 父子를 멀리 갈라놓고도
뭐가 그리도 신이 나는지
꽥꽥 돼지 멱따는 소리로 노래하고 있었다.
그렇게 헤어진 광주역의 이별.

어떻게 알았을까?
궁금증만 계속되고…….
스피커를 통해 조교의 안내방송이 흘러나왔다.

송정역에서 30분 동안 정차한다고 한다.
끼이익. 브레이크 소리가 들리고
열차는 송정역에서 멈췄다.
똑! 똑! 똑!
급하게 차창을 두드리는 소리에 고개를 돌려보니
꿈엔 듯 아버지가 거기 서 계셨다.
반가워서 손을 잡은 채 서로 말을 잇지 못했다.
찰나의 시간에 몇 호차,
몇 번 창가에 자식이 앉아있다는 걸 기억할 수 있었음은
아마도 아비의 본능 때문은 아닐는지

아버지는 '우선 이것부터 받아라.' 시며
봉지, 봉지 싸오신 것을 안으로 밀어 넣으며
돌돌 말아 쥔 천원 지폐뭉치를 손에 꼭 쥐어주셨다.

"몸조심해라.
그 봉지들은 너의 엄마가 싸주신 것이다.
옆 사람들과 나눠먹어라"
"네 아버지 건강하세요. 다녀올게요."

그렇게 우리 부자는 두 번째 이별을 나눴다.
너무나 반가웠던 나머지 잘 가시라는 말도 못하고
웃으며 손만 흔들어 댈 뿐이었다.

첫 휴가 갔던 날
아버님께 그때 어떻게 그리 빨리 찾을 수 있었느냐고 물어보

니 동네에 제대한지 얼마지 않은 일동이 형에게 물어
날짜와 장소를 알려주기에 한 달음에 달려갔는데
다른 사람들은 다 자식을 만나는데 나만 만나지 못해서
하도 기가 막혀 가는 얼굴이나 보자고
마지막 가로등 밑에서 이름을 불렀단다.
그것이 내가 보게 되고
그처럼 찾고 싶어 하던 자식 목소리라.
그 시끄러운 속에서도 한 번에 알아 볼 수 있었다 한다.
그래서 '이대로 보낼 수 는 없다.'
생각이 들어 미친 듯 택시를 잡아타고
'저 차 좀 따라가자' 했더니 다행스럽게도
택시기사가 '송정역에 가면 특급열차를 보내야 하기에
30분 정도 기다려야 된다고 충분히 따라잡을 수 있다' 해서
안도하며 그곳까지 뒤쫓아 오셔서 부자父子상봉이 이루어지게
된 것이다.
택시 안에서 몇 호차,
몇 번 창가라는 것을 생각해내고 기억해 두셨단다.
사소한 기억일지 모르지만
내겐 지천명을 넘어선 지금까지도
생각할수록 눈시울이 뜨거워지는,
아버지라는 이름을 들으면 가장 인상 깊게 살아나는
기억 중에 하나의 따뜻한 털외투 같은 사건이 되었다.
하지만 그런 사랑을 받았던 나는

"광일아! 나 대도시 큰 병원에 가서
죽더라도 수술이나 한번 받게 해주라"

아무 가진 것 없이 월세방에 신접살림을 차리고
대책 없이 아이마저 덜렁 낳은 처지라.

“아버지 조금만 더 기다리세요.
돈 모이면 병원으로 모실게요.
죄송합니다.”

죄송하다는 말로만 세월을 소비하기에 이르렀다.

요즘 같으면 의료보험으로 인해 별 부담 없이 병원에서 치료를 했을 테지만 당시엔 집안 망한다는 병 수발인지라 연약한 어머니께만 미룬 채, 어머니가 제공하는 한약방 약 처방으로 근근이 연명하였었다.

어찌할 수 없는 사실상 위급환자를 방치하였던 큰아들의 불효 아버지의 마지막 소원도 들어드리지 못하는 불효를 저질렀으니 그 또한 아픈 기억이 지금껏 나를 괴롭히고 있다.

물론 누군들 아버지에 대한 잊지 못할 추억들이 없는 것은 아닐 것이다.

부모님 살아계실 때 정성을 다 하라던가?

사랑을 베푼 사람은 그를 잊어도
받은 사랑은 영원히 잊지 않는 것.
내 부모가 내게 따뜻한 털외투 같은 사랑을 베풀고
그를 잊었듯이
나는 내 자녀들에게 어떤 사랑을 베풀며
잊지 못할 털외투의 추억을 남겨줄 수 있을지 알 수는 없다.
다만 아버지로써 자식들에게 부끄러운 삶이 아니었으면 바랄뿐이다.

재운이 따르지 않아 물질적 재산은 남겨 줄 수 없어도

내 자식들이 훗날 가정을 일구고 아름답게 가꿔 나갈 수 있게 인성을 가르쳤기를,

또한, 사람의 자식으로 사람을 사랑할 줄 아는

예쁜 마음을 심어주고 떠날 수 있었으면 하는 바람.

잘못은 아니길 바랄뿐이다.

몰라, 라는 글자

“어머니도 공부 좀 하셔서 이름자나 써보세요”
큰아들의 말에
“글을 모르고도 여태껏 살아 왔는디
새삼시럽게 무슨 공부여”
이러시던 어머니가
뒤늦은 공부로 사라져가는 기억력을 탓하신다.
“어이! 세화아범 이것이 뭐라는 건가?
일이 바빠서 두어 달 쉬었더니 뭔 글잔지 통 모르겄네.”

지금으로부터 18년 전 부친의 병사病死로 고향을 등지며
“아들 편지라도 읽어보고 한번이라도 찾아오시려면 글을 알아야 하니까 공부를 해보세요.”

라고 권하였던 시작이 내가 고향을 떠나고 다른 자식들에게 물어보려면 창피하다며 거부반응을 보이시다가 가르쳐주는 이 없으니 포기하고 최근 다시 노인대학을 나가시며 공부에 관심을 가지신다. 내 어머니의 유년은 아직도 남존여비 사상이 뿌리 깊은 때라서 딸들은 집에서 살림이나 하다가 시집가면 그만인 존재였던 탓에 공부란 꿈도 못 꿀 일이었다.

“아부지! 나 큰 동네 동청에서 공부 가르쳐 준다고 헌께 공부하러 갔다 올라요.”

“뭐라냐 시방?, 가시내가 얌전히 살림허는 것이나 배웠다가

시집이나 가면 되지 공부는 무슨 공부여!"

외할아버지와 할머니의 이런 편견으로
동생들 뒷바라지나 하며 마을 청년들이 가르쳤던
진흥학교 혜택도 못 누린 내 어머니는 자신의 이름 석 자가 어떻게 생긴 줄도 모르고 살아오며 한 번도 글을 모르는 것에 대해서 불편을 겪으시며 불평 한마디 없이 살아오시었다. 그런 어머니가 최근 들어 공부 삼매경이다 그래봐야 한자를 알면 두자를 까먹는 기억력으로 일주일에 한번 나가는 노인대학에서 내주는 숙제와 씨름중이다 처음에는 이름 석 자나 써보자고 배운 글인데 얼마 전에 자식 놈 시상식에 다녀와서 우리 아들이 써놓은 글이나 좀 읽어보면 좋겠다고 소원하신다. 마음 같아선 내 지식을 옮겨드리고 싶지만 그게 될 말인가 항상 밥 먹듯이 하시는 말씀이 내 살아온 세월을 글로 쓴다면 몇 권의 책을 만들 것이다 하셨던 어머니 아주 짧은 자신의 이야기를 아들이 써놓아도 남을 통해서 읽어야 하니 얼마나 답답할 것인가.
'몰라' 라는 글자를 쓰시며 내 어머니 황혼녘에 글을 배우신다. 한자, 한자 정성들여 쓰는 글은 글이 아니라 그림이다
어머니의 유년시절엔 여자를 천시하는 사회풍토와 가난으로 학문을 깨우치지 못한 까닭에 자식이 시인이랍시고 써놓은 시집에 자신의 이야기가 있다는데도 바라보며 읽어보지 못하는 한스러움에 새삼스런 글공부를 시작 하셨단다.
한참을 복습하시던 어머니께 글을 알고 쓰시는가 싶어서
"어머니 그 글자가 무슨 글자입니까?" 라고 물으니
"몰라!, 이렇게 쓰고 있으면 배워질까 싶어서"라고 하시며

여전히 글을 쓰고 계신다.

아니, 쓴다는 것보다 그림을 그리신다고 해야 맞는 표현일 것이다.

'몰라' 라는 글자,

자신이 쓰면서도 모른다는 글자의 의미를 나는 어찌 이해해야 하는가.

오죽이나 알고 싶었으면, 아니, 오죽이나 배우고 싶었으면 하나를 듣고 둘을 잃어버리는 나이에 글을 배우겠다고 그림을 그리고 계시겠는가.

세상 살아오면서 못 배웠어도, 사는데 아무지장이 없다 하시던 내 어머니가 이렇게 글에 목매는 이유를 빤히 알고 있는 자식, 생각 같아서는 이 자식의 머리를 툭! 떼어서 어머니께 드리고 싶은 심정이다.

'못 배워도 사는데 지장이 없었다.' 라는 것은 말이 쉬워서 했던 말이지 실제로는 읽을 수 없고, 쓸 수 없어 당해야 했던 삶이 얼마나 답답하고 고달픈 삶이었을까 싶다. 객지의 자식들 집에 한 번이라도 맘대로 다녀가고 싶어도 글을 모르니 무슨 차를 타야할지를 몰라 못 가신다던 분인데… .

극복하며 살아오신 세월을 자식인 내가 다시 들쑤셔 놓은 것은 아닐는지 모르겠다.

하긴, 배우고 글을 아는 나도 어머니가 알고 있는 만큼 이 세상을 알지는 못 하지만 말이다.

시간을 내어 내가 써놓은 글들을 어머니께 읽어 주었다.

듣고 계시는 내내 눈물을 찍어내시는 모습에 목이 메어와 모자간에 손을 붙들고 울기도 했었다. 자식은 어머니의 아픔을 위해 울고, 어미는 자신의 아픔을 알아주는 자식이 대견해서 흘리는 눈물이었을 것이다.

그렇게도 공부 안한다고 회초리를 드셨던 이유도 자신이 배우지 못해 겪었던 아픔을 자식에게 물리지 않으려는 속마음 때문이었는지도 모른다.

그런 각오로 앞을 틔워주신 덕분에 문맹을 깨쳤지만 나는 그 배움을 크게 쓰지 못했다. 그저 게으름 피우며 하루하루 먹고 사는 데만 급급해했다. 내 어머니가 애써 구하려는 이 귀한 배움을 허투루 쓰고 있는 것이다. 내가 뒤늦게라도 시를 짓고 책을 읽는 것은 아내를 잃은 슬픔 때문도 있지만 나를 가르쳤던 분들께 미안하지 않으려는 것이다. 거기에는 어머니와 아버지 그리고 스승님들께 감사하는 마음도 포함되어 있다. 때로는 시가 안 된다고 시심이 찾아올 때까지 기다리기도 했지만 시라는 것이 기다린다고 찾아오는 것이겠는가 말이다.

2011년 11월의 어느 날인가 고아로 살다가 미국으로 입양되어서 미국의회의 하원과 상원의 5선 의원이 된 신효범 박사의 강의를 TV를 통해 듣게 되었는데 그분의 말씀 중에

[인간의 삶이란? 폭풍우가 지나갈 때까지 몸을 사리며 기다리는 것이 아니라 폭풍우 안에서 함께 춤추는 것이다]라고 했던 말이 생각난다.

나의 시가 그런 것이다 기다린다고 시는 저절로 써지는 것이 아닌데 쓰려고 노력하지 않고 시가 다가오기만을 기다리며 요행을 바랐던 때도 있다. 내 어머니를 보노라면 절대 게을리 해서는 안 되는 것이 학문이고, 세상 그 무엇보다 귀한 것이 글

을 깨치는 것이다

그렇게 귀한 것을 배웠는데도 그 소중함을 모르고 꺼내어 쓸 줄 모르며 묵혀두고 있다는 것은 죄가 아니겠는가. 부지런히 읽고 부지런히 써야겠다.

나를 위해 땀 흘린 그분들을 위해서라도 열심히 써봐야겠다.

서녘 하늘에 낙조처럼 황혼길 걸어가실 날 얼마인지는 모르지만 "꿈을 가지고 열심히 하면 이뤄진다."는 말이 있다.

그 말이 실현 되어 내 어머니의 애쓴 보람이 문맹이나 깨치고 가셨으면 좋겠다.

어머니의 손

보릿고개 극성이던 50년대 초.
정말 아름다워야 했을 손이
궁핍한 살림 속에 동생들 뒷바라지로
처녀다운 부드러움이 아닌
거친 아줌마의 손이 되어
동동구루무 한번 찍어 바르지 못하고
임 따라 떠나는 가마 안에서
눈물로 마사지를 해야 했다.
시부모에게 물려받은 것이라곤
대물림되는 가난이기에
팔자려니 생각하고
더 이상은 투정일 테니
그나마 현 환경이 호강이라 생각하고
발로 뛰고 손으로 움켜쥐며,
홀 시아비와 남편을 공양하고
가난하지만 알토란같은 정으로
자식들도 다섯이나 쑥쑥 낳아
키우고 가르치는 낙으로 살아왔던 한 평생
후회도 미련도 없었음은
장성한 자식들이 자신의 곁에
떡, 버티고 서있기 때문이다.
"자-들만 쳐다보면 안 묵어도 배가 부르당께."

그것만으로 고생을 위로 받았던 장한 모습의 어머니,
큰 거목에 비유되는 여장부.
자식들에게 주기만 할 줄 알았지
받기를 거부하는 어머니의 저 손은
자식을 위한 희생, 그 자체였다.
광양읍 세풍리 세승부락,
재산이래야 마당도 없는
방 두 칸짜리 초가
위로 홀로되신 시아버지의 기침 소리와
지금은 행방불명인 병든 큰아버지 한 분
그리고 아버지와 어머니 자신
빈 챗동이(쌀을 넣어둔 항아리)엔
한 바가지정도의 보리쌀이 전부.
가난한 집에는 한숨만 들랑거렸단다.
큰아들 세 살 무렵,
시아버지는 장남인 여수 큰댁으로 가시고.
병든 시숙은 어디로 갔는지 행방이 묘연하고
남편은 재훈련(지금의 예비군 훈련) 받으러 군에 가고.
어린 아들과 먹고살 길이 막막하여
광양읍내 개머리로 이사 나와 살며
궁여지책으로 외할머니 따라 난전장사를 시작하였고,

칠성리 못둠벙 가 길동이 형네로 이사 와서 둘째를 낳고 외가가 있는 도청 깽본동네 동식이집 작은방으로 이사를 와서 셋째를 낳고.

운기네(허만선씨 댁)에서 넷째, 다섯째를 낳았다
이 마을은 봉강면 계곡에서 흘러오는 물길, 서천이 있고

동쪽으로는 옥룡면 계곡에서 흘러오는 동천이 있다.

백운산에서 발원한 이 두 물줄기가 서로 만나는 자리에 위치하고 있는 어릴 적 내가 자랐던 고향

광양읍 도청리 강변부락, 일명 깽본(강변)동네는

읍내에서 십 여리 떨어진 들판 가운데 평화로운 촌락이었다.

땅이 기름지고 인심 좋은 곳이지만

산도 어중간하고 바다도 어중간해서

농사철을 제외하곤 마땅한 벌이가 없어서 가난하기 짝이 없는 빈촌이었다.

어머니는 생계를 위해 여전히 아침엔 읍내로 나가서 장사를 하고 밤이면 돌아와서 집안 살림을 해야 했다.

갖가지 사연도 많고 시련도 많은 읍내 길을

새벽을 달려가고 밤길을 달려왔던 내 어머니,

자신의 피곤함도 잊은 채,

가족의 뒷바라지로 온몸을 던져야 했던 수고로운 손길.

어느 겨울날인가

"손 시렵지, 손 내봐라"

학교를 다녀온 내게

밥 짓던 손을 뜨거운 물에 담갔다가 꼭 쥐어주시던 어머니의 따스한 마음이 전해진 탓일까.

나이 들어 지천명을 넘어선 자식의 가슴에 아직도 따스함으로 남아있어 내가 자식들에게 나눠주는 마음이 되었다.

잘못한 자식의 종아리에 가차 없이 회초리를 들었던 것도 내가 지금껏 허튼 길 걷지 않고 굳건히 가정을 지켜가는 원동

력이었으니 그 손의 고마움을 어찌 모른다 할 것인가.

시집와서 지금껏 호의호식 한번 하지 못하고
호구지책으로 새벽바람 맞으며
짠 바닷물에 손 담그기 시작하면,

하루 내내 젖어있는 어머님의 손을 보고 있으면 안타깝고 미안해서 '어머니 이젠 이일 그만두세요.' 라고 말하고 싶지만 차마 그 말은 목구멍에 걸려 밖으로 나오질 못한다.

'왜냐고?'

말하고 싶지는 않다.

내 자신이 너무 비참해지니까.

수고로우신 그 손길을 보면 그저 뒤돌아서 눈시울만 붉혀야 하는 못난 자식이기에 부끄러운 줄 알면서도 그 고생담을 남기기 위해 이 글을 쓰고 있는지도 모른다.

이제는 나 몰라라 내버려두어도 될 자식들인데도
눈앞에 보이지 않기에 항상 조바심 내며
"이놈들은 잘 지내는지 모르겠네.
날도 추운데 감기나 안 걸렸는지 원,
무심헌 놈들 전화나 한 통 해주면 될 것을... ."
행여 자식들에게 짐이 될까 싶어 홀로 사시면서도
처자식들과 멀쩡하게 잘 먹고 잘사는 자식들 걱정이다.
십 수 년 전 위암 판정을 받고서도 자식들 걱정할까 싶어.
애써 태연한 척 하시며 어깨를 펴셨지만 왜 모를 것인가?
아무도 보이지 않는 곳에선 한없이 울어야 했음을.

화장실 다녀오셨을 때나 문 닫고 방에 들어가셨다 한참 후에 나오실 땐 눈 주위가 퉁퉁 부어있었어도 아무렇지 않은 듯 태연 하셨던 어머니.

반세기를 넘는 세월동안 휴식이라곤 설 명절과 추석 명절뿐

정말 죽을 정도의 아픔이 아니면 쉬지도 않았던 강인함 때문인지 수술 후 젊은 사람도 따라잡기 힘든 짧은 시간 동안에 정상에 가까운 체력을 회복하셨으니 뻔뻔스럽게도 조그만 고생에도 힘들어하는 자식은 그저 입만 벌릴 뿐이다.

한참 재밌게 사셨어야 할 시기에

남편과의 사별로 가계의 모든 짐을 혼자서 떠맡고,

그 힘든 세월을 오직 자식들 생계만 생각하며 일에 매진하고 그로 인해 외로움을 떨쳐내야 했던 어머니의 그 처절하리만치 눈물겨웠던 삶을 기록한 장한 손 오늘도 나는 그 손앞에서

한없이 크고 자애로운 사랑을 배우며 눈시울 적시고 있다.

힘 있는 농사꾼이 있어 내 땅에 지어놓은 농작물이 있는 것이 아닌데도 이것저것 챙겨놓았다가

자식들에게 내 놓으시는 모정을 보며

'나뒀다 어머님 해 드세요' 라고 하면

'도시에서 사면 중국 것에 속아서 해롭다' 고 하시며

'그래도 촌에서 나온 것이라 내가 사뒀다' 고 말하시는 어머니.

자신은 아무거나 챙겨 드시면서도 자식은 조금이라도 좋은 것을 먹이려는 어머니의 마음은 오늘도 집안 구석구석 사놓은

곡식이며, 마른나물, 국거리며, 생선종류까지

보따리, 보따리 챙겨 내놓으시며 차에다 실으라신다.

내일 모레 손자 볼만큼 다 커버린 자식이 아직도 못 미더우신지 잘 챙겨 먹으라고 신신당부하신다.

부모의 눈에 자식은 백수를 누려도 항상 애 같다 하더니

내 어머니의 눈에 비친 자식의 모습은 항상 어린모양이다 사람이니까,

어머니의 자식이니까.

나 역시 내 자식들 보는 눈이 항상 염려스럽다.

어머니의 마음을 닮아서 그렇게 보일 것이다.

"뭐 하러 돈 써가며 그런 걸 사댑니까."

"야이! 문뎅이 새끼야, 나죽고 나면 해주고 싶어도 못해 준께 암 말 말고 갔다가 쳐 묵어, 네미나 댕깨로 챙겨주지 누가 챙겨줄꺼냐."

보따리를 차에다 옮기고 계시는

엄마와 아들의 대화 한 도막이다.

자기가 낳은 자식 끝까지 책임지고 싶은 것이 어미의 마음인가 보다 숙여지는 고개를 들지 못한 채로

"엄니 오래오래 건강하게 살아주세요."

또 들리겠다는 인사 건네며 쥐어본 쭈글쭈글해진 어머니의 손, 예전에 그토록 통통하던 손이 까칠하고 뼈만 앙상히 남았다.

이 손등, 이 많은 주름살처럼 수많은 삶의 사연이 눈물로 넘쳐 났음은 얼마이고. 웃음으로 보상받았던 날은 또 얼마일까.

자식인 내가 바라본 울 엄니의 생애는 눈물 넘쳐남이 더 많았을 것 같은데 당사자인 내 어머님이 돌이켜보는 세상은 어떠했을까.

부디 어머님의 회상 속에 웃음이 더 많았던 세월이기를 빌어본다.

뜰막동 길

유년시절 꿈이 익어가던 고향.

광양군 광양읍 도월리 강변부락.

동네에서 읍내까지 10리 길을 요술방망이처럼 뚝딱 반으로 줄여주던 지름길,

그 길이 뜰막동 길이다.

가을걷이 끝나고부터 이듬해 모내기 할 때까지 논둑길과 보리밭을 가로질러 다녔기에, 사연도 많고 추억도 많았던 뜰막동 길. 길이 나는 것을 막으려고 논 주인들은 탱자나무 가지를 꺾어다가 논두렁에다 꽂아 두기도 하고, 어떤 집에선 인분을 날라다가 보리밭 이랑에다 뿌려 두기도 했었던 길.

그러나 막을 수 없어 결국은 포기하고 길을 내주었던... .

보리 깻묵(깜부기병에 걸린 보리)을 뽑아서 콧수염도 그리고, 입에다 넣고 쭉 훑어서 후하고 불면 까만 가루가 날려가는 모습에 재밌어하던 일. 바람에 쓰러진 보리를 보면 사랑하는 연인들이 애정행위 하던 곳이라고 억지로 말을 만들던 철없던 시절의 그 길.

중학교 2학년 때인가 3학년 때인가,

정부에서 경제개발 계획사업의 1안으로 농지정리를 하면서 들판을 밀어 길이 없어질 때까지 나는 그 길에서 많은 추억을 쌓았고 또 보았다.

이렇게 즐겁고 재미난 길이지만 낮과 밤은 정반대이다.

이 길에 솟아나는 물을 가뒀다가 가물때 물을 퍼 대는 조그만 물웅덩이가 둘 있는데 우리는 그것을 둠벙이라고 불렀다.

언제인가 한 둠벙에는 각시귀신이 나온다 해서 각시둠벙이라 했고 한 곳에는 총각이 빠져죽어 총각둠벙이라 했으니, 그 곳에는 밤이면 귀신이 나온다는 설이 전해져 왔다. 특기할 사항은 내 아버지가 각시둠벙에서 귀신을 만나 죽을 뻔 했다는 것을 큰 외삼촌을 통해서 들은 기억이 난다.

또한 옛날 누구는 그 각시둠벙에서 처녀귀신에게 홀려 물에 빠져 죽었다는 이야기도 들리는 곳이다.

해서 밤에는 그 길을 지나오길 꺼려했고, 피치 못해 그 곳을 지나올 때는 온 가족이 마중을 나가는 무서운 길이기도 했다.

어머니는 호구지책으로 새벽에 읍내에 나가셔서 난전 장사하시고 밤이 되어야 돌아오는데 당시에 시골에서는 농번기 때 잠간 바쁘고 나면 할 일이 없어, 남정네들은 하루 종일 동네 사랑방에 모여 술판이나 화투판을 벌이며 지냈다.

내 아버지도 예외는 아니어서 화투판에 앉았다가 어쩌다 일찍 돌아오신 어머님께 혼이 난 적이 많다.

그래서인지, 어머니를 아끼는 마음에 그랬는지는 몰라도, 사랑방에서 노시다가 어머님 오실 때가 되면 만사 제쳐두고 자식들인 우리에게 방 치우라 마루 닦아라. 설거지해라 시키시고, 자신은 마당 쓸고 정리해서 집안을 깨끗이 한 뒤에 어머니 마중 나갈 채비를 하신다.

해가 지고 어둠이 내리면 방천에 서서 어머니를 기다리다가 사물을 분간키 어려우면 온 들판 가득히 들려오는 소리

"강일아! 거기 오는가?"

이 물음은 어머니의 응답이 들릴 때까지 뜰막동을 바라보며 아버지가 불러대는 소리이다.

그러다가

"예! 여기 가요."

멀리서 어머니 목소리가 들려오면

"거기 있어라 내가 간다."

하시며 후레쉬(랜턴) 불을 빙빙 돌려 신호를 하고는 부리나케 달려가신다. 달려가시는 중에도 자꾸만

"광일아! 거기 있는가?"

하시며 후레쉬를 켜서 돌리고

"예! 여기 있소."

하시며 일문일답으로 서로가 무사함을 알리며 마중하시던 그 길. 미리 마중을 나가도 되는데 왜 기다렸다가 가면서 소란을 피우는가? 궁금하겠지만 읍내에서 집까지 오는 길이 세 군데가 있다.

하나는 서천 제방을 따라오는 영쟁이길,

또 하나는 동천 제방을 따라오는 먹아대길,

또 하나가 들을 가로질러 오는 뜰막동 길,

이 때문에 어떤 길로 올 것인지 알 수가 없어 미리 마중을 가지 못하는 것이다.

밤길에 그 길을 지나왔던 많은 사람들도 다 똑같은 행동으로 가족에 대한 서로의 사랑을 느끼고, 키웠던 길이기에 사라진지 사십 년이 훌쩍 넘은 지금에도 머릿속 기억에 남아 있어 아

련한 향수를 불러낸다.

낮과 밤이 다른 길. 그렇지만 꿈과 사랑이 넘쳐나던 길.

지금은 사라지고 없는 옛 기억 속의 길이지만 이웃 사람들의 사랑하는 모습이 있고, 자상하신 아버님이 살아 계시던 길. 어머니와 아버지의 서로를 아껴주던 사랑이 남아 있던 그 길이 홀로 계시는 어머님을 찾아뵙던 날에 불현듯 생각나 이 글을 적어 본다.

일찍이 홀로되신 내 어머니 애지중지 키워 장성한 자식들 다 내 보내시고,

짐 될까 텅 빈 둥지를 홀로 지키시며 사시는 내내

외로울 땐 그 분도 나처럼, 뜰막동 옛길을 문득 문득 생각해 보실까?

그러고 보니 나도 한 나이 들어가나 보다 옛 추억 속에서 탈출하지 못하고 있으니 가끔씩 돌아가고픈 고향 옛길.

보리밭길, 삐비꽃, 물밥, 종달새, 개구리, 물뱀, 메뚜기, 물고기까지 거기 얽힌 각종 사건사고들이 모두 손짓하는 고향 뜰막동 길.

부모의 교육과 사회 질서

돈으로 가르치는 교육과 그로인한 인생관이 스승도 없고, 부모도 없고, 친구도, 이웃도 없는 세상이 되었다.

살아 갈 날이 살아온 날들보다 적은 나는 그저 지켜볼 뿐이지만 그런다는 것은 너무 무책임 한 것이라 생각되어진다.

해서, 되돌아 갈 수 있는 것은 아니겠지만

내 자신 살아온 세월동안 죄 짓지 아니하고

손가락질 받지 않고 자녀들 키우면서 무사히 살아올 수 있었음은 부모님의 무언의 참교육 덕분이 아닌가 생각되어 내 어린 시절을 기술 하고자 한다.

가난해서 일 나가신 부모님을 대신해

차 순위로 동생들을 돌보았고.

그것이 형제애를 키웠다.

서로 협력하여 집안 청소를 했으니 협동심을 길렀다.

일터에서 돌아오신 부모님들의 피곤해 하시면서도 서로를 배려하시던 모습에서 가족의 소중함도 배웠다.

학교공부에서 좋은 성적을 못 받아와도

큰소리로 꾸짖는 것보다.

"어찌 하필이면 닮아도 느아부지 머리 나쁜 것만 빼닮았냐."

아버지의 말씀에 마음을 놓으면서도 아버지께 죄송해서 스스로에게 채찍을 가하게 되었다. 논밭에 나가서도

"사람들이 많이 다니는 길가에 농사짓기는 참 힘든 것이다. 나 혼자 사는 게 아니기에 조금 잘못하면 구설수 오르기 딱 좋은 곳이 길가 농사란다."

하시며 잡초하나 작물하나 세심하게 신경을 쓰시던 아버지의 모습. 항상 자식들에게 너희는 형제가 많은 탓에 한사람만 잘못해도 온 식구가 욕먹는다는 공동체 의식을 암암리에 심어 주셨다.

어느 날인가 논에서 일하다가 힘이 들어서

"아버지 힘들어서 못하겠는데요." 하였더니

"그래 힘들면 쉬었다 하자" 하시며 마주앉아

"얘야 사람은 누구나가 일을 하면 힘이 든단다. 나만 허리가 아픈 게 아니라 내가 아프면 다른 사람도 아프게 마련이지 피를 가진 똑같은 인간이기에 어른이나 아이나 느끼는 것은 똑같단다. "다만 얼마만큼 참고 견디느냐는 것일 뿐이란다." 하시었다.

그때까지만 해도 내 생각은 어른들은 일을 해도 힘이 안 드는 줄 알았다.

그 일이 있고부터 내가 힘들면 남도 힘이 든다는 걸 알게 되었다.

내 나이 스무 살 때쯤

어느 여름날 제초제가 없던 시절이라. 벼논에 김매기를 하는데, 어느새 훌쩍 커버린 자식 놈이 애비 때문에 술 담배도 못할 것이라 생각하신 아버님이 묘안을 생각해 내셨다.

자신은 일을 하시면서

"얘야 가서 담배하나 붙여 와라 " 하신다.

자신의 주머니에 넣고 다니시며 피워도 될 담배를 논두렁에 다 꺼내놓고 나에게 담뱃불 붙여오라 시키셨다.

나는 그 틈에 얼른 두 세 모금 빨아 댈 수가 있었다.

훗날 알아낸 일이지만 둘러봐도 숨을 데 없는 평지의 논에서 보아하니 담배도 피우고 술도 하는 자식 놈인데 단둘이 있으니 애비 앞에 담배 피울 수 없는 것을 알고 일부러 논두렁에 놓아두고 공식적인 흡연을 하게 하신 것이다.

술도 그렇다. 국 대접에 막걸리를 한 사발 그득 따라 드리면 한 두 모금 마시고선

"어이구 왜이리. 쓰냐? 너 마셔라"

하시며 내밀던 아버지의 상대를 위한 배려 그로인해 나 아닌 다른 사람도 생각하게 되는 동기가 된 것이다

"언제 어디서든 꼭 필요한 사람이 되자" 하시던 아버지.

그분의 자식 사랑을 어찌 글이나 말로 다 설명할까 가진 게 없어도 당당하셨던 부모님들의 참교육.

서로 얼굴 맞대며 사셨어도 결코 허튼 모습 보이지 않으시던 아버지의 가족관 사회관 인생관 일일이 다 열거할 수 없다. 하지만 그분의 삶 그대로가 교육은 아니겠는가.

그 모든 것이 내겐 자식들에게 참교육을 시킬 수 있는 지표가 될 수 있었다고 본다.

다시 한 번 말하지만 물질만능이 주는 이 시대에 사는 우리.

훗날을 위해 조금 더 생각하는 자녀 교육을 할 수 있었음 생각하게 된다.

해서 물질만능이 주는 이시대의 잘못된 교육관을 하나씩 짚어보고자 한다.

부모의 자식을 위하는 마음은 동서고금을 통해 넓고 깊은 하

늘로 바다로 비유되어왔다.

유년시절 보고 배우며 자란 부모님들의 교육이 훗날 내 자신의 후세를 가르치는 지표가 되기 때문이 아닐까?

세상의 온갖 거짓과 위선으로 무장되지 않는 깨끗한 감정일 때 내 주변에서 가장 가까이 볼 수 있는 부모의 일거수일투족은 어린자녀의 뇌리에 쉽게 각인되어 평생 고칠 수 없는 하나의 정신 지표가 되고 마는 것이다.

세상에서 가장 위대한 분들이기에

가장 훌륭한 스승들이시기에

지나친 물욕으로 가르친 교육이 자칫 자식들에게 왜곡되어 받아드려 진다면 결과는 예측키 어려운 상황으로 전개 될 수 있다는 것이다.

물질만능이 가져다주는 교육관은 우리아이들에게 어떤 해를 끼칠 수 있는가?

자녀가 많은 것도 아니고 한명 내지는 두 명이기에 너무 귀하게 키워서 자기만이 최고라 생각하고 자기중심의 생각과 판단을 하게하는 왜곡된 교육관과 가치관을 너무 쉽게 받아드리게 하고 있는 것이다.

다산하여 먹거리가 부족하던 때엔 그래도 서로 아낄 줄 알고 사랑할 줄도 알았다.

상대를 위한 배려가 많은 가족들과 아옹다옹 부대끼며 생활하는 과정에서 스스로 읽고 깨우쳐가는 참 교육이 될 수 있었다고 본다.

모르겠다. 그때 그 시절 교육이 잘된 교육인지는... .

하지만 풍족한 물질과 부족할 게 없는 지금의 가정교육은

왠지는 모르지만 두려운 생각이 드는 것도 부정할 수 없다.

아니 어쩌면 이미 기성세대가 손을 쓸 수 없는 상상이상의 세상으로 나가고 있는 것은 아닌지 현재의 우리네 교육관을 되돌아 볼 필요는 분명 있는 것이다.

부모로써 자식에게 보이지 않아야할 부분들.

이 사회의 암울한 그림자를 던져대고 있는 기성세대들의 집단 이기주의.

돈으로 공부를 사고, 스승도 사고, 가정과 사회를 사들이는 사회. 돈이면 안되는 게 없는 사회의 병적인 교육관.

요즘 부모들의 막무가내 식 내 자식 챙기기 교육.

거기에 어머니들의 사회 진출이 활발해 지다보니 자신의 미모를 위해 자녀의 수유도 우유로 대신하는 그래서 어미의 품에서 느껴야할 인성을 우유빨대에서 아무런 감정도 느끼지 못한 채 홀로 성장하는 아이들의 나만 아는 나 스스로 살아남지 않으면 안 된다는 냉정한, 물질적 가정 교육관이 가져다주는 무서운 사회의 현실을 생각할 때 가정에서 부모의 교육이 얼마나 큰 역할을 하는 것인지 우리는 새삼 깨달아야 할 것이다.

매일 접하는 신문이나 라디오 TV를 통해 나오는 무서운 세상의 뉴스들.

돈을 위해 직계존속을 살해하고 이해득실을 따져 걸핏하면 이혼하여 이 세상에 인간의 아름다움이 마지막 존재하는 가정이 무참히 짓밟히고 깨져 가는 세태.

뻔히 그럴 줄 알면서도

내 자식은 아니겠지 하는 잘못된 사고방식이 기러기 아빠의 최후를 만들고 있는 것은 아닐까?

무엇 때문에 아등바등 사는 것인가?

열이면 열, 백이면 백, 가족 때문이라 말 할 것이다.

그런데도 우리는 자식의 교육을 위해서라고 스스로 자위하며 가정을 파괴하고 있는 것이다.

누가 누구를 가르치고 누가 누구에게 배워야 할 것인가?

제자가 스승을 부정하고

가정은 학교를 부정하는 작금의 세태.

나아닌 너를 보고 비평하고 탓하는 우리가 아닌 진정 참교육이 무엇인지를 깨닫고 내 가정을 가정답게 키워서 그 속에서 자라는 아이들이 옳은 교육을 받을 수 있게 해야 할 것이다. 내 자신이 소중한 만큼 귀한 대접을 받으려면 사회가 건강해야 그 가치를 인정받는 게 아닐까?

숲이라 하면 한그루의 나무가 아닌 산 전체의 나무를 일컬음이 아니던가. 나 하나의 참여로 숲이 되고 그 숲은 나로 인해서 만들어진다는 공동체 의식

그러기 위해서는 욕심을 버려야 한다.

내 자식이 남위에 서는 게 아닌 남과 어깨를 같이하는 상생의 교육. 나만 앞서 가는 게 아닌 뒤쳐진 상대를 끌고 함께 갈 수 있는 배려의 교육.

돈으로 만이 아닌 서로의 땀 냄새로 끈끈한 가족애 형제애를 느끼게 할 수 있는 가정 내의 인성교육.

꼭 잊지 말아야 할 우리의 교육관이 아닌가?

그런 생각을 하며 감히 건방진 글로 독자 여러분께 다가가려 이 글을 쓰고 있다.

자기만 잘난 줄 아나? 라는 편견보다 우리가 함께 살 수 있는 길이 어떤 것인지 생각해서 오해 없이 읽어 주었으면 바라며 글을 마친다.

건망증

얼마 전 아침 출근길에 일어났던 조그만 실수담이다.
평상시처럼 아침을 먹고 길을 나서던 나는
항상 그랬듯이 바지주머니를 뒤적이며 휴대폰을 찾았다.
아무리 찾아봐도 없는 휴대폰을
집에서 빠트리고 나왔나 싶어 전화를 했다.
"여보세요 막내야!"
"네! 아빠"
"어! 내가 깜박하고 폰을 놓고 나왔네. 수고스럽지만 좀 가지고 내려와 줄래."
"네~ 알았어요. 근데 아빠 지금 전화는 어디서 하시는 거예요?"
"아차 내 전화가 손에 있네."
"에~이~ 아빠!~"
"허허 미안하당~ 내가 왜 이러지."
다시 출근을 재촉하며 연신 키득키득 웃음이 나왔다.
웃어야 될 일인지 울어야 될 일인지 원
정신 바짝 차리고 살아도 사니 못사니 하는데… .
하여튼 정신 바짝 차리고 살아야겠다.
요즘 티브이를 통해서 건망증 실수담이 많이 소개되는데
참으로 가관이다.
'나는 그러지 말아야지' 하고 다짐하지만 사람 일이라는 게
그리 간단하지 않아서

나이 들어가는 사람들은 고민 아닌 고민으로
머리를 쥐어짜게 된다.

언젠가 티브이에서 뇌 부분 전문의사가 하는 말을 주의 깊게 들은 적 있는데

그 의사의 말이 건망증으로부터 자신을 지키는 일은
첫째, 좋은 식습관과
둘째, 건강한 몸을 만드는 일이고
셋째, 생각을 많이 하고
넷째, 머리에 통증이 있을 때 참지 말고 즉시 약을 복용해서 뇌세포가 하나라도 사라지지 않게 하라는 것이다.

다섯째, 손을 이용한 운동과 손가락을 많이 쓰는 일을 하라고 했다.

나는 환경이 손을 많이 쓰는 직업이라서 조금 안심은 되지만 그래도 왠지 불안한 것은 나이 들어가면서 심해진다. 그래서 가끔씩 티브이프로에서 건망증과 침해에 관한 이야기를 주의 깊게 듣곤 하는데 제발 살만큼만 살다가 주변에 피해 없이 갈 수 있었으면 더 이상 무얼 바랄 것인가?

이제는 소원이라는 것이 많이 변했다.

큰 부자도 아니고, 유명인도 아니며, 그저 아무 병 없이 자는 듯 가는 것이다.

나도 나이 들어가는 것이 맞기는 맞나보다.

당신도 행복의 주인공

오늘은 '둘이 하나가 되자' 라는 뜻에서 출발한 부부의 날이랍니다.

우리가 부모의 몸을 빌려 세상을 나설 때 큰 울음을 우는 건 혼자 왔다는 게 두렵고 외로워서가 아닌가? 제 나름대로 생각해봅니다.

하기에 애써 부모님께 기대고 성장하면서 자신에게 맞는 짝을 찾는 게 큰, 하나의 목표가 되기도 하지요

하지만 우리는 그 목표를 이루고 나면 결혼 전의 아기자기한 정신이 퇴색되고

너는 너, 나는 나로 남 아닌 남인채로 살아갑니다.

결혼 전의 화려한 꿈은 현실이 아님을 깨달았기 때문이죠. 결혼생활 중에서 우리는 중요한 하나를 잃고 산다는 것입니다. 그것은 결혼 전의 너와, 결혼 후의 나를 망각한 바로 각자 개개인의 개성을 무시해 버리고 결혼 했으니까 너는 '내꺼' 라는 소유욕으로 서로 자신을 위해 살기를 바라기 때문입니다.

저는 얼마 전에 인생지도라는 시를 발표했습니다.

그것은 흔히 말하는 손금에 대한 운세를 적은 것입니다.

자기 자신의 손금을 들여다보세요.

각자가 다 다릅니다.

태어날 때부터 정해진 하나의 미로를 보게 됩니다.

같은 선을 가진 이는 없는 걸로 알고 있습니다.

그렇듯이 우리는 제각기 다른 모습의 삶을 살고 있기에

내 남자로, 내 여자로, 묶어두는 위험한 발상이

삭막한 가정을 만들고 있는 것은 아닌지 다시 한 번 돌아보아야 하겠습니다.

생판모른 둘이 모여서 하나가 된다는 것 쉽고도 어렵습니다.

상대를 위한 배려의 마음이 없다면 따뜻하고 웃음이 넘치는 가정을 이루기는 힘들겠죠.

하여 저는 감히 이렇게 주문을 하고 싶습니다.

1) 첫째는 서로를 가엾게 생각하자입니다.

상대가 완벽하다고, 누가 봐도 최고라고 생각하면 내 자신이 적어지게 마련입니다.

그러나 가엾게 생각하면 상대를 보듬어주고 싶은 마음이 생겨나게 되지요

2) 둘째는 아내 입장에서 남편을 생물학적인 동물의 수컷으로 보자입니다.

체질적으로나 성격적으로나 남자들은 힘을 생각게 하죠. 부드러움이 없어요.

자기 영역을 지키려는 힘, 사냥에 필수적인 힘 등등 나만을 위한 사고로 가득 차 있지요.

모두가 휘하麾下에서 자신을 왕으로 받들어주기를 원해요. 그저 단순하지요 즉 야생에 적합한 조건을 가지고 태어나기에 종족번식을 위한 구애행위의 본능 외에는 절대 아기자기한 면이 없다는 것입니다 그러므로

아내가 남편에게 사랑받을 수 있는 방법은

아내는 남편이 적극적인 구애행위를 해올 수 있도록 해야 한

다는 것이지요.

항상 스스로를 가꾸고 다듬어야 사랑받을 수 있는 것입니다

남자라는 남성성은 제멋대로 두면 편안해 하지요

잔소리로 평화를 깨지 마세요.

3) 셋째 남편의 입장에서는 아내의 여심女心을 비 오는 날 창가에 입김을 불어놓고 그리는 한 폭의 수채화라고 생각하면 어떨까요?

따뜻한 입김과 세심한 손길이 없으면 사라져 버리는 한 폭의 수채화 말입니다.

여성은 가정이라는 울타리의 핵심구성원입니다.

가꾸기 좋아하고, 다듬기 좋아하며, 꾸미기를 좋아하지요.

사랑받길 원하고, 인정받길 원하고, 받들어주길 원합니다.

눈물 많고, 투정 많고, 원하는 것 많은…….

내 것에 대한 애착이 너무 깊어 자칫 스스로의 무덤을 파기도 하는 하여간 매우 복잡한 감성을 가진 상대이지요.

하지만 남편의 말 한마디에 세상 다 얻은 행복을 느끼는 존재가 아내이기도 합니다.

"사랑한다! 당신이 최고야"

그러면서 꼬~옥 한번 안아주세요.

돈이 듭니까?, 힘이 듭니까?, 입 간지럽다 하지 마시고, 잠시 체면 내려놓고 가식이라도 좋으니 실천해 보세요. 밥상이 달라지고 잠자리가 달라집니다.

우리가 부대끼며 살아가는 이 세상,

얼마나 살다가 갈지 모르지만 사는 날까진 행복하게 살아야죠. 그러자면 우선은 가정이 원만하게 틀을 유지하고 따뜻함이 있어야 합니다.

행복이 뭐 별겁니까?

서로를 위해주며 웃을 수 있으면 그게 행복인 게죠.

돈요?

그거 아무리 많아도 서로의 배려가 없다면 행복에겐 무용지물입니다

국내외 돈 많은 큰 부자들 돈이 많으니 과연 행복할까요?

이 세상 소풍 마치고 저세상 떠날 때는 누구나 없이 다 빈손이더이다.

오늘 부부의 날(5월 21일)

서로 사랑하소서. 상대를 인정하소서.

나 자신을 버리면 당신도 행복의 주인공이 될 것입니다.

마음으로 쓰는 편지

항상 보아도 믿음직한 내 딸 세화야.
네 엄마가 너를 가졌을 때.
아빠는 얼마나 기뻤었는지 모른단다.
마치 온 세상을 얻은 것 같은 행복을 느꼈었단다.
너를 낳고 기르면서
아빠 입이 귀에 걸려 있었던 것 아니?
너의 손짓 발짓 옹알이하던 모습까지
어찌 그리 신비롭고 귀엽고 사랑스럽던지.
직장에 출근해서도
너의 재롱자랑에 침을 튀겨가며
숱하게 많은 날들을 팔불출이 되어 살았었단다.
후일 네 동생 세정, 세미를 낳아 기를 때
자식사랑 내리사랑이라고 너에게
다 주었던 사랑이 동생들에게로
나눠져서 너에게 조금 등한시했을지 몰라도
아빠의 큰딸 사랑은 식지 않았었단다.
어쨌든 너희 세 자매를 키우며
얼굴 한번 찌푸릴 사이 없었단다.
너희 세 자매로 인해 네 엄마와 나는
덤으로 행복한 나날을 보낼 수 있었단다.
그러나 하늘의 시샘이었던지
평화롭던 우리 가정에

웃음이 아닌 통곡이 담장을 넘었으니
심근경색이란 사인 앞에 네 엄마와의 이별이었다.
눈앞이 어두워지고
내 디디는 걸음은 천길 벼랑을 볼 수 없었더구나.
이 위기의 상황을
너희들이 아빠 곁을 잘 지켜주었기에
오늘의 평화가 유지될 수 있었단다.
특이나 엄마가 없으니
엄마 몫의 집안일을
네가 동생들과 함께 처리해 나가는걸 보고
큰 아이들은 하늘이 점하신다는 말을 실감케 했단다.
겉으로 평안한 날들이었기에
안으로의 아픔을 보지 못하고 무심의 날들을 보냈단다.
그러던 어느 날 문득
주방싱크대 앞에서 밀린 설거지를 하며
한숨 짓는 너를 보고
이 아빠는 억장이 무너지는 아픔을 겪었단다.
세상을 살만큼 살았다고 생각했는데
헛살았다는 자격지심이 일더구나.
종일 직장에서 일하고 지친 몸으로 돌아온 네게
휴식이 기다리는 게 아닌
밥하랴, 청소하랴, 새로운 일들이 기다리고 있었으니
어찌 한심하지 않았으랴.
그 때 느낀 바가 있어 네 동생들에게 일 분담을 시켰는데
이제는 네 짐이 조금 덜어졌으리라 생각한단다.
예전 너희엄마 살아 계실 때와 같을 수야 있겠느냐마는

이제 우리가 힘을 합치고 서로 도우며 살아가면
지금의 힘든 생활이 좀 나아지지 않겠니.
항상 아빠가 고맙게 생각한단다.
우리 큰 딸 세화야, 앞으로의 생활이 쉽지는 않을 것이다
그렇지만 힘내자꾸나.
순간순간 엄마가 그리울 때가 앞으론 더 많아질 것이다
결혼하고 아기 낳고, 생활하다 보면
힘든 난관이 닥쳤을 때마다 더욱 그립겠지
그렇지만 아빠는 믿는단다.
잘 헤쳐 나가리라고…….
세상 살아가며 힘이 들 때 엄마가 생각나면
반은 다음을 위해 남겨두고,
우리 반만 울자구나.
그렇게 극복하고 위로하며 힘을 합치고
힘든 일을 나누며 살자.
사랑스런 내 딸들아.
파이팅!

유비무환

생각사로 참 어이가 없고 실없이 웃음이 난다
설마가 사람 잡는다 했던가.
우리가 살아가면서 꼭 해야 할 일들을
그냥 지나치는 핑계거리로 설마하고 넘긴다.
하지만 큰 낭패를 겪은 후에는
남 탓으로 돌리고 속상해하며 후회를 하게 된다.
어제의 일이다.
모 동인모임의 지인으로부터
삼사순례 계획이 있는데 동참하지 않겠느냐고 해서
생각만으로도 마음이 안정을 찾는 산사의 풍경이 떠올라
그러마고 흔쾌히 수락을 했다.
알람이 시키는 대로 일어나서
밥 한술을 뜨면서 티브이뉴스를 보니
오후에 비가 온다고 했다.
밖을 내다보니 하늘은 너무나 맑고 투명했다.
우산을 챙기다 말고
"만약 이런 날씨에 비가 안 오면
들고 다니느라 애먹느니 놔두고 가자, 설마 비가 오겠나?
이런 날씨에? 에이~ 설마……."
실천보다 게으름이 더 앞서 내 두뇌를 잠식해 버렸다.
일행을 태운 세대의 관광버스는
대구~부산 신 고속도로를 통과해서 중앙고속도로를 거쳐

강원도 태백산에 있는 정암사,
속칭 (갈래사)라는 절에 도착했다.
그 유명하다는 보물 410호 수마노탑을 돌고
수마노탑에 부처님 사리를 봉안하고 있기에
불상을 따로 모시지 않는다는 법당을 거쳐
1300년 신화를 간직한 자장율사의 주장자를 신비롭게 관찰하고 내려오니
점심때가 다 되어서 밥을 먹으려 자리를 펴고 앉았는데
갑자기 천둥 번개와 함께 소나기가 쏟아졌다.
밥먹다말고 난리도 그런 난리가 없었다.
어느 정도 비가 소강상태를 보이자
빨리 먹고 치우자 라는 의견에 오는 비를 맞으며 밥을 먹었다 아침에 우산을 가져왔더라면 이 난리를 안 겪어도 되는데 후회를 하였지만 이미 엎질러진 물인걸 어쩌랴.
후회는 나만 하는 게 아니었다.
대부분의 사람들이 아침 날씨만 믿고 우산을 가져오지 않아서 곤욕을 치렀다.
그러나 미리 준비한 사람들은 한껏 여유를 부리고 있었으니
누굴 탓하랴 그놈의 게으름 탓인걸.
설마가 가져다 준 낭패를 실컷 맛본 하루였다.
그 후로도 비는 관광이 끝날 때까지 그치질 않았으니
설마로 인한 후회를 얼마나 했는지 모른다.
어쩌면 이것도 영험하다는 정암사가 가르쳐주는
철저히 대비하라는 하나의 교훈은 아닌가 생각한다.
세상사 모든 일이 설마라는 게으름 하나로 큰 낭패를 볼 수도 있다는 그래서, 후회해도 소용없다는 가르침이 아닌가 생

각하는 하루였다.

후회는 후회일 뿐 현 상황을 뒤바꾸지 못한다.
안일함을 버리고 유비무환의 기지奇智를 키워야겠다.
오늘 일을 생각하니 정말로 어이가 없고 웃음만 난다.

골동품

우리 집 옷장에 골동품 옷들이 많다.

버리자니 아깝고 입자니 유행이 지난 것들이고,

쓸모없이 자리만 차지하는 그것들을 보자니 화가 치밀어 모진마음을 먹고 양복 한 벌을 재활용 통에다 가져다 넣었다.

그것을 버리기까지 참으로 고민이 많았다.

30년이 훨씬 지난 옷인데도 유행은 돌고 돈다더니 요즘 입어도 유행에 뒤쳐지지는 않은 것 같은데 몸이 예전과는 다르다는 것이다 옷걸이가 달라졌으니 당연히 못 입을 수밖에, 하지만 갈등을 했던 이유는 다른 곳에 있었다.

삼십 팔년 전쯤에 첫 월급을 탔는데 막내 외삼촌이 하시는 말이 "눈 딱 감고 양복을 한 벌 맞춰라 앞으로 양복 입을 일이 많아질 텐데."

그렇게 한 달 월급을 몽땅 주고 맞췄던 옷이라 쉽게 버리지 못했다 고작해야 명절에 고향 오가며 입고 아내 만나 데이트할 때 한, 두 번 정도 외관상에는 아직도 새 옷이다 그런 옷을 나는 버려야 했다.

이렇듯 구구절절한 사연들이 많은 옷들이라서 쉽게 버리질 못하고 옷걸이에 걸려서 해를 넘기고, 또 해를 넘겨서 장롱 안이 온통 내 옷으로 가득하다.

이 많은 옷들 중에 고작 입을 수 있는 것들은 여름옷 두벌에 상의점퍼 하나,

겨울옷 한 벌에 바지 세 벌. 점퍼 넷, 반코트 두벌,

봄, 가을용 한 벌에 점퍼 둘 이것이 전부다 참 와이셔츠는 대여섯 된다. 그나마 그것도 보통 십오 년이 넘었다.

제일 최근에 산 옷이 춘추겸용 양복인데, 딸 시집보내면서 마지못해 맞춰 입은 옷이다.

하여튼 이 많은 옷 중에서 유일하게 매년 사랑받는 옷이 있으니 겨울용 가죽점퍼다. 지금부터 약 이십 사오년 전쯤에 아내가 옷을 사왔는데 세상에나 옷값이 반달분의 월급을 몽땅 주고 사온 것이라 하도 어이가 없어 갖다 주고 돈 돌려받으라고 했더니. "세화아빠 이렇게 비싼 옷은 유행도 잘 타지 않고 값어치 있어서 우리처럼 없는 사람들은 한번 사놓으면 두고두고 맘 놓고 입을 수 있으니 눈 딱 감고, 하나 사두자."

라고 우겨서 사놓은 것이 지금까지도 사랑하는 옷으로 남아있다. 어느 곳 어느 장소를 가더라도 고민하지 않고 입고 갈 수 있는 옷이다.

참으로 아내의 지혜가 통했던가 보다. 때론 부담스런 투자가 의외로 큰 수확을 내는 것처럼 말이다.

쪼들리는 살림인데도 목돈을 투자해서 사놨던 옷이라 매년 새로운 옷을 사지 않아도 항상 비싼 옷을 입고 다니는 행운을 얻은 것이다.

골동품이지만 골동품 같지 않은 옷.

올겨울에도 나는 장롱에서 점퍼를 꺼내 입는다.

약간 색이 바랐지만 왁스로 한 번씩 문지르면 옷은 예전의 새 옷으로 돌아간다.

일회용으로 변질되는 세상에 골동품이되 골동품이 아닌 옷들이 내 옷장에는 빼곡하다 하지만 하나하나 만져보고 꺼내 입을 때마다 그 옷에 곁들인 사연들과 함께 길을 나서는 것도 또 다른 하나의 행복은 아닐까.

오늘도 길나서는 내 어깨를 매만져주던 아내의 손길을 느낄 수 있는 골동품 옷을 꺼내 손질하며 상념에 잠겨본다.

골동품!

저런 골동품처럼 끝까지 함께 걸었으면 좋을 아내,

내가 저승길 새내기로 입소하는 날 골동품 같은 나를 보려고 나타나려나?

그래서 일찍 떠났을까?

손질하던 골동품 옷을 걸치고 거울 앞에 섰다

눈을 감고 그리운 아내의 손길을 느껴본다.

숲이 살아가는 힘
그것이 우리의 미래여야 한다

하늘을 찌르던 기상도 수평 아래로 가라앉은 겨울 숲,

그 숲이 숨을 쉬게 하는 힘은 무엇인가?

거기엔 너와 내가 함께 배려하고 토닥이며 살아가기 때문이다 나를 너에게 주고 네가 나에게 나눠주는 서로가 공생하는 삶이 있기에 추운 겨울을 거뜬히 나고 새 봄을 맞을 수 있는 힘이 아닌가 싶다. 낙엽은 뿌리를 감싸 안고, 그 속에서 겨울을 나는 곤충들은 낙엽을 분해시켜서 자신과 나무의 자양분을 만들고 새싹을 만들게 한다.

이 모두가 너 때문도 아니고 나 때문도 아닌 모두의 힘으로 지켜오는 곳이 숲이기에 한 겨울 삭풍을 이겨낸 숲은 새 봄, 푸르른 숲을 꾸미고 만드는 것이다.

숲에는 작은 나무만 있는 것도 아니고 큰 나무만 있는 것도 아니다 강한 생존 본능으로 성장만을 추구하는 젊은 나무가 있는 반면 자신의 속살을 내주며 함께하는 것들의 소중함을 몸소 보여주는 고목의 삶이 여유로운 멋을 선보이는 곳이기도 하다. 숲은 과거와 현재와 미래가 공유하는 공간이기도 하다 너와 나를 따지며 스스로가 잘났다고 나서지 않고 서로 부르고, 나누고, 협력하며, 드러난 형태가 숲이다.

복잡하여 숨 쉴 틈도 없어 보이지만 그들은 스스로가 도태되고 번식하며 보이지 않는 질서를 유지하며 생존해 간다. 너도 살고 나도 사는 공간이 숲이기 때문이다.

그것은 곧 겨울 숲이 살아가는 보이지 않는 힘인 것이다.

거대한 도시의 틀 안에는 수많은 건물과 도로, 그리고 인간이 살고 있다. 인간이라는 존재는 자신들의 삶의 질을 지켜내기 위해 공원을 꾸미고 도로를 정비하고 빌딩을 올리고 하천을 정비한다.

잘난 사람과 못난 사람, 큰 사람, 작은 사람, 빈, 부가 함께 뭉쳐서 살고 있는 사람의 숲인 도시

하지만 살아가는 모습은 너무나 다르다.

자연 숲은 스스로가 질서를 지키며 성장하지만 사람들은 자신의 성장을 위해 상대의 성장을 막아버린다

그는 외향적으로는 성장을 거듭하지만 실제는 스스로가 자멸하는 길인데 우리는 그걸 모르고 있다.

그 대표적인 예가 아이가 사라지고 있다는 것이다.

숲은 스스로를 지키기 위해 씨를 뿌리고 그 씨앗이 자랄 수 있게 스스로가 도태되는 과정을 반복한다.

사람들은 개체인 자신을 보호하기 위해 가진 수단을 다 쓰며 자신의 안락한 삶을 위해 자녀 낳기를 꺼려하는 형편이 되었다. 결국에 도시를 지키는 힘은 줄어든다는 것이다 도시가 멸망하면 결국엔 나 스스로가 위험에 노출 된다는 것을 잘 알면서도 우리는 그 진행을 막으려 하지 않는다. 이미 우리 인간은 스스로의 안락한 생활에 익숙해져버렸다 하기에 자신을 옭아매는 일은 강력히 거부하는 습성이 생겨버렸다 그 누구도 자신의 자유를 박탈한다면 그 상대가 부모든, 부부간이든, 자식이든, 사회든 간에 결코 용서하지 않는다. 숲이 성장하는 힘, 그를 우리는 찾아내고 본받아야 할 것이다.

그것은 자손의 만년대계가 달린 일이기에 결코 좌시할 수 없는 일이며 도시의 황폐화와 인성의 파괴를 막는 일일 것이다.

오늘날 농촌의 붕괴를 우리는 몸소 체험하고 있지만 내게 직접적인 피해로 피부에 닿지 않기에 우리는 그 위험성을 모르고 지나치고 있다.

요즘 젊은이들은 남녀의 만남이. 가족이라는 단어가 생소한 속에서 자란 탓인지 가정을 갖기 위해 만나는 것보다 즐기기 위한 만남이 대세를 이루고 있다 우여곡절로 결혼을 했어도 2세에 대한 계획보다는 직장을, 직장보다도 자기 자신의 개발에 적극적이다.

우리 사회가 아이들에게 보여주는 모습. 그것은 어둠뿐이다 빛이란 없다 가르쳐야한다는 핑계로 우리는 그들의 앞날을 깡그리 깨부수고 있다 엄마도 아빠도 돈을 사냥 나가고 인성이 배워지지 못하는 교육은 돈 사냥꾼만 양성하고 있다 핵가족화 되면서 조부모의 따스한 정과 부모의 보살핌에서 일찌감치 멀어져 버린 그 아이들이 상대를 위하여 인내하고, 양보하고, 배려하는 것을 배웠겠는가? 과연 가정의 소중함과 가족의 위대한 힘을 알겠는가 말이다 1960년대 말경 우리 정치인들은 가난을 벗어보자고 잘 살아보자고 산아제한을 내세웠고 그에 대한 여러 정책으로 인구를 줄이는데 성공을 거뒀다 그러나 앞날을 보지 못한 큰 실수가 되었으니 세계화 시대를 맞이하며 이민을 떠나는 인구가 많아지고 외국문명을 교육 받은 자가 대우받는 시대가 되었다 결론은 그 사람들을 따라잡는 교육관이 생겨났으니 외국 유학이다 그것은 막대한 경제력을 쏟아부어야 했으니 마땅한 자원도 없이 외국에서 원료수입하여 가공하고 그를 수출하는 2차 산업을 해야 하는 우리는 부를 축적하기위해 자녀를 상급학교로 보내야 했고 가정도, 예절도, 실종되는 사태에 이르게 되었다. 그 후유증은 너무나 심각하여

민족성도, 국가관도, 사라져 버렸으니 당연한 결과로 돈만 있으면 모든 게 해결되는 세상이 된 것이다.

돈을 벌기위해 조상을 버리고 종교에 기대며 살아야하고 주체성 보다는 기생하는 것에 길들여졌다 광장에 떼 지어 광분하는 것이 애국인 줄 알고. 패거리로 모여서 1회 행사를 성대히 치러주는 게 사랑인 줄 아는 세상이 된 것이다 나 아닌 다른 사람을 인정하지 않는 사회가 된 것이다 단위면적당 인구수를 줄이는 데는 성공을 했지만 아이가 자신들의 향락적인 삶에 방해가 된다는 것을 알아버린 지금은 돌이킬 수 없는 인구부족국가가 되어 버린 것이다 이제 단일민족이란 말은 옛말에서나 찾아봐야 한다. 일손이 부족해서 외국 인력을 수입해오고 결혼할 상대가 없어서 외국까지 찾아가서 짝을 찾아와야 하는 세상이 되었다.

사람이나 자연이나 인위적인 틀을 만들고 거기에 맞추려 하면 재앙이 온다. 우리는 그걸 알아야 한다. 숲에는 그 해답이 있다 해답을 찾기 위해서는 자연을 가까이 해야 한다 숲이 사는 법 그것은 인간이 살 수 있는 방법이기도 하기 때문이다 자연의 일부가 인간이기 때문인 까닭이다.

친정아버지라는 것

아들일까?
딸일까?
열 달을 궁금한 속아리 끝에
순산한 아이는 지금의 큰딸아이이다.
아들이길 바랐던 기대가 무너졌지만
자라면서 피우는 재롱 덕에
아들 생각은 잊어버린 지 오래,
뒤를 이은 둘째와 셋째가 모두 딸이지만
저희들 하는 짓이 사랑스럽고 귀여워
"딸 키우는 맛이 이런 것이구나. 아들이 무슨 소용이겠는가."
그렇게 생각했다.
아니 스스로가 위안으로 말했는지도 모른다.

언제까지 내 곁에 머물지 않는다는 것을 안 것은
작년 봄 큰딸아이가 출가하면서이다.
그래도 떠난다는 것에 크게 마음에 두지 않았던 것은
딸아이니까 언젠가는 내 곁을 떠날 거라고
정리했던 마음 때문에
이 좋은날 엄마와 함께 식장에 섰더라면 하는
아쉬운 마음에 눈물이 났을 뿐
시집간다는 것으로 마음이 아프진 않았는데

벌써 일 년이 흐르고
남산만한 배를 하고 나타났다.
엄마는 없어도 친정집에서 아이를 낳고 싶어 하는
딸아이의 마음을 받아드리기로 했다
마침 취업 준비 중인 둘째가 있어서
뒷바라지를 하면서 서로 의지하고 배우면 좋겠다는 생각에서였다.
자식이 뭔지, 저번 설에는 오다가다 혹여 산통이라도 시작되면 밀리는 길에서 어떻게 해야 좋을지 암담하여 조상님들 뵙는 것을 다음으로 미뤄야 했다.

오랜만에 딸아이와 팔짱을 끼고 온천천으로 운동도 다녀왔다.
옛날 엄마의 임신기간 동안의 이야기며
엄마아빠의 살아온 이야기들을 나누며
일주일 내내 격무로 시달리던 몸이라 잠만 쏟아지는데도
따라나선 것은 애비의 염려 때문인지도 몰랐다.
같이 걸으면서도 순산해야 할 텐데 하는 마음뿐이다.
그렇게 걱정으로 날을 보낼 수밖에 없었는데

예정일이 10여일이 지났는데도 소식이 없어
유도분만을 해본다고 해서 병원에 옮겨두고
애비가 할 일은 할 일없이 안절부절 하는 것 밖에 없다싶어
처형께 맡기고 회사에 출근을 했다
직장에서도 마음은 콩밭이라 하루가 어떻게 지났는지 모른다.

애들 이모의 도움으로 무사히 출산의 한 단계를 넘겼다
얼마만큼 몸조리를 했다싶어 저희보금자리로 돌려보내고자
딸아이와 손자를 태우고 3시간 남짓한 거리를 달려가는데
평상시 같았으면 출발하고 30분이 채 못 되어서 잠들어 버리던 딸아이가 무려 3시간여를 달려가는데 몸도 아직 성치 않은데도 아기를 안고 하품 한번 없이 꼼짝 않고 견디는 모습을 보며 참으로 어머니라는 무게감을 실감할 수 있었다 .
제 어미가 그랬던 것처럼 누가 시킨 일도 아닌데
모성 본능은 자식과 가정을 지키는데 아낌없이 자신을 던지는가 싶다.
그런데도 자꾸만 맘이 짠해지는 것은, 이럴 때는 딸아이 아빠라는 게 싫어진다.

하룻밤이라도 더 쉬게 하고픈 부모 맘인가.
시댁을 지척에 두고 고향집에다 여장을 풀었다.
나는 또 나대로의 삶이 있기에 주소지로 돌아와야 했고
그러기위해서 부녀간의 이별은 당연한 일. 한데 걷잡을 수 없이 흐르는 눈물은 무슨 의미란 말인가 시집가고 다니러 왔을 때는 당연히 제 울타리를 찾아간다고 생각 됐기에 즐거운 맘으로 보냈는데 이제 한 아이의 엄마로 보내려니 훤하게 내다보이는 고생문 때문일까.
"잘 살아야 된다. 아이 때문에 속상하면 엄마생각 많이 날거다 하지만 마음을 강하게 먹어야한다 당황하지 말고 알았지"
왠지 모르게 격한 감정이 복받쳐 애비 체면도 없이 껴안고 흐느껴 울었다.

마음이 편치 않아 돌아오는 내내 흐르는 눈물을 감출 길 없었다.

아! 이게 딸 가진 부모 마음이구나, 싶었다.

예전엔 느낄 수 없었던 감정들이 이제야 현실로 다가와 안기니, 내 장인장모님도 필시 이런 감정이었겠구나 싶다.

그래서 사는 모습 한번이라도 더 보고 싶어 하셨던 거구나.

그런 것도 모르고 괜한 염려를 하신다고 했었던 짧은 생각을 이제야 정리할 수가 있었다.

"참으로 내가 나이가 들긴 했구나."

스스로 깨달은 하루가 저물어 가고 있다.

다 같은 부모 맘이겠지만 딸만 키워온 애비 마음은 서발만 뛰어도 걱정이다 잘 살아야 할 텐데 마음속의 짐을 버릴 수 없다 친정아비라는 것 참으로 염려스러운 위치인가보다.

딸에게 들려주는 이야기 (결혼이란?)

결혼이란 꿈과 현실의 벽을 깨는 일이다.

"아빠, 결혼한 내 친구가요 속상해 죽겠대요. 자기가 생각한 결혼생활이 아니라고요."

"그래 그런 일이 있었구나. 그럼 네 친구는 아이를 낳았냐?

"아뇨, 직장생활 좀 더 하다가 가지려는가 봐요."

"그렇구나. 그러면 지금부터 아기가 얼마나 소중한 존재인지 가르쳐 줄게."

[원인은 거기에 있다. 부부란 언제 멀어져 버릴지 알 수 없는 촌수가 없는 존재란다 언제든지 헤어지면 남이 되는 사이라는 것이지 그런데 다행스럽게도 그 무촌의 사이에 다리를 놓는 존재가 바로 자녀란다 자녀로 인해서 비로소 촌수가 주어지는 것이지 혼전에는 모든 만남과 의식이 환상의 세계에서 이뤄지지만 혼인 후에는 그 모든 것이 현실로 다가가기에 꿈은 퇴색되고 지워지게 된다 하여 실망하고, 좌절하고, 분노하게 되는 것이다 그것이 단초가 되어 이혼을 입에 올리고 부부간에 극한 갈등의 요인이 되기도 하는데 천만 다행으로 꿈을 다시 엮어내는 힘이 생기는데 바로 자녀인 것이다 부부는 자녀를 낳고 그에게 못다 이룬 꿈을 넘기게 되는데서 다시 찾을 수 있는 것이 평화이다 요즘은 자신들이 편하자고 아이를 낳기를 꺼리는데 사회적 통계로 이혼율이 높아지는 원인이기도 한 것이다.

네 친구는 그런 점에서 아주 위험한 결혼생활을 하고 있는 것이다 결혼하고 혼인신고를 하는데 그것으로 서로를 잡을 수 있는 끈의 역할은 불과 몇 년이라는 것이다 그 다음을 연결해 주는 고리역할은 바로 자녀인 것이다 미룰 것이 따로 있지 결혼은 하면 빠른 시간 안에 아이를 가지는 것이 가정이나 사회를 위해서 좋은 것이다.]

고개를 끄덕이는 딸아이가 쉽게 이해되길 바랐던 아침이었다.

인생교육
(밥상머리에서 막내에게 들려준 얘기)

기온이 많이 내려갔지만 집안에 머물고 있는 내겐 별 특별해야하는 날은 아니었다. 그저 생각나는 대로 글을 쓰다가 티브이를 보다가 요즘은 내게 주어진 특혜의 시간을 최대한 즐기며 살고 있다 바깥을 잠시 잊고 살아보리라 마음먹은 까닭이다.

나는 다른 날처럼 방 청소를 하고 직장에서 돌아올 이이들을 생각하며 국을 끓이고 밥을 짓고 내 밥을 챙겨먹는데서 일과를 매듭지어야 했다 9시가 조금 지날 무렵 둘째 딸아이가 퇴근을 하고 돌아오지 않는 셋째 딸을 기다리는데 10시가 조금 지난 시간에 문을 열고 들어오는 셋째를 보았다 습관처럼 흔드는 손짓을 답례로 흔들며 티브이에 시선을 고정시키고 있다가 막내의 울먹이는 소리를 들어야했다.

깜짝 놀라서 다가가서 물었다.

"왜 무슨 일 있었냐?"

"아빠 나 속상해요."

"회사에서 실수로 업무처리를 잘 못한거야?"

"아뇨."

"그럼 상사로부터 야단맞았어?"

"아뇨."

"그럼 왜 그래?"

내 옆에 앉은 아이는 뭐가 그리 속상한지 펑펑 울고 있었다.

몇 번을 물어서 울어야하는 내막을 들을 수 있었다.

“아빠 있죠,

세상에 사장하고 부장하고 둘이서 이야기 하는걸 어쩌다 들었는데요.

글쎄 내가 일을 열심히 해주지 않는다는 거예요 글쎄,

나는 자기들을 위해 정말 쉬지 않고 일 해줬는데 수고한다는 말은 하지 않고 그럴 수가 있어요! 부장님은 그래도 내가 없으면 회사 일이 잘 돌아가지 않는다고 이야기 하는데.”

그것이었다.

막내 딸아이가 속상한 내용은 그저 상사가 자신의 수고를 알아주지 않고 자신을 험담한다고 느낀 까닭이다.

세상이란게 다 그렇게 살아가는 것인데 우리 막내는 그런 것을 모른다. 그저 세상에 내던져서 키워야 했는데 그렇게 키우지 못한 내 책임이 느껴지는 순간이다.

나는 내 아이들을 예쁘게 자라기만 바라며 키웠다.

자녀라는 게 어쩌다보니 딸만 내리 셋을 낳았고 그러다 보니 그저 딸아이답게 착하게, 예쁘게, 모나지 않는 아름다움만 강조하며 자랄 것을 요구하고 그렇게 키웠던 까닭에 바깥세상의 힘든 것을 모르고 살아왔다 그런 까닭에 자신이 가장 잘하고 가장 예쁜 줄 알고 사는 아이들이다.

내가 아이들을 키우면서 다른 것은 다 잘 키웠다고 떳떳이 이야기 할 수 있지만 한 가지 큰 실수를 한 것이 있다.

그것은 경쟁을 해야만 살 수 있는 것이 사회라는 것을 심어주지 못하고 딸로서만 키웠다.

혹여 밤길에 잘못될까봐 늦은 시간을 허락하지도 않았고 학교에서 다 가는 엠티도 가지 못하게 막았다.

공부에는 신경을 쓰지 않았다.

그저 자신들의 실력대로 살게끔 했다 .

그런 환경에서 자라게 한 탓에 내가 살기위해 남을 짓밟아야 한다는 것을 가르치지 못했다.

내가 짓밟지 않으면 상대가 나를 짓밟는 다는 것을 가르치지 못했다.

인간세상이 그렇게 험하다는 것을 가르치지 않았다.

자식을 가르치며 가장 성공한 부분이고 가장 실패한 부분이다.

아비가 어미가 살아온 길, 세상은 하나의 길이 아닌 또 다른 길도 있다는 것을 나는 딸아이에게 현실을 인식시켜야한다는 생각으로 차분히 이야기를 들려줬다.

얘야 사람들은 나름대로 생각에 차이가 많이 난단다. 사람들의 주변 성장 환경이 어쨌느냐에 따라 아무것도 아닌 일을 크게 생각하는 부류가 있고 커다란 성과를 대수롭지 않은 일로 치부해 버리는 부류도 있단다. 또한 대충 하는 일과 꼼꼼히 하는 일을 구분하지 못하는 사람들도 있지 네가 사회 경험이 적어서 그러는데 살다보면 별별 부류의 사람들이 모여 사는 집단이 사회라는 것을 알 수 있을 것이고 그러다 보면 차츰 한 귀로 듣고 한 귀로 흘려버리는 지혜도 얻게 된단다. 너무 속상해하지마라 엄마나 아빠의 살아오는 길은 순탄하겠니? 때론 억울한 일도 겪고, 때론 감언이설에 당하기도 하면서 숱한 세월을 버티고 있단다.

우리가 살아온 환경은 낮은 자의 자세로 살아야 화를 면할 수 있다는 걸 어릴 때부터 주변 환경에서 느끼며 자라온 탓이지 만약에 엄마나 아빠의 삶을 부잣집의 외동아들이 갑자기 살게 된다면 아마도 삶 보다는 죽음을 택할 것이다. 그것이 환경의 차이라는 것이다 기업을 하는 사람들 중에는 태어나면서부터 호의호식하며 대물림하여 기업경영을 하는 부류도 있고, 전문 경영인의 수업을 통해서 기업을 하는 부류가 있으며 자수성가형의 기업 경영인이 있다 대개의 경우를 보면 대물림의 경우는 타인에 대한 의심이 많은 편이고 매사에 긍정적인 반면, 전문교육과정을 거친 사람들은 그 바탕도 남부럽지 않을 정도의 환경에서 자라서 대개가 친화적인 접근법으로 기업을 운영하는 까닭에 실력 있는 사원들을 귀하게 여기는 편이다, 또한 자수성가했다고 하는 경영자들이 있는데 그런 부류는 사원들의 근무태도를 귀하게 생각하는 부류는 드물다 왜냐면, 자신의 성공 밑바탕엔 대개의 사원들은 생각지도 못한 노력과 한숨이 들어있기 때문에 타인의 고통은 저 정도쯤이야 하고 무시하게 되는 까닭이다. 아마도 너희 사장은 자수성가한 부류에 속할 것이다. 그런데 너는 부지런히 해준다 하지만 사장의 입장에선 모두가 다 부지런히 일하는 사람들이기 때문에 네가 하는 일이 맘에 들지 않을 수 있는 것이다.

"맞아요. 자신은 자수성가했다고 말끝마다 얼마나 자랑이 심한데요. 주는 것 없이 미운 사람이에요."

그제야 서운한 감정이 사라진 딸아이가 밝은 낯빛으로 말대꾸를 해온다.

나는 세상 돌아가는 이야기를 알아듣게 이야기 하지만 꽃처럼 아름답기를 바라며 자라게 했던 아이들이라 세상이 착하다는 것 하나로는 살 수 없음을 가르치지 못했던 것이다. 그것이 사랑스런 내 딸들의 눈물을 자주 빼앗아 오게 하는 것이라서 참으로 난감하다는 생각을 떨쳐낼 수가 없는 것이다. 그래도 다행인 것은 첫째나 둘째는 세상을 이해하는 속도가 빠른 편인데 우리 막내는 그런 부분에서는 낙제점이라, 아마도 막내라서가 아닌가 생각된다. 그렇다고 세상의 나쁜 점만 듣고 보게 하였다면 오히려 지금의 고운심성은 가질 수 없었지 않을까 스스로를 마음을 다독이는 요즘이다. 세상 사람들에게는 학교를 졸업하고 사회를 접하면서 그 사회를 쉽게 이해하는 경우도 있고, 심각하게 앓서가는 경우도 있으며, 쉽게 이해하지 못하는 경우가 있는데 내 아이들이 세 번째 부류에 속하는 것 같아서 늘 불안한 마음을 안고 살았던 것이 사실이다. 그래서 더 야단치고 더 단속하는데서 아이들은 자유를 외치게 되는 빌미를 제공하기도 한 것이다.

우리네 가정교육에는 밥상머리 교육이라는 것이 있다 고지식한 사람들은 복 나간다고 식사시간에는 밥그릇만 바라보며 밥을 먹게 하지만 사실 집안 자녀교육은 대개가 밥상머리에서 이뤄진다고 봐야 옳을 것이다 온 가족이 머릴 맞대고 이야기를 나눌 수 있는 시간이 언제겠는가 식사시간 밖에는 없다. 그런데도 출퇴근 시간이 다른 요즘에는 그마져도 지켜지지 않는다. 그렇게 서로가 무관심으로 지나치며 돈으로 부족한 관계를 다잡아가는 부작용이 요즘 각박한 사회상을 연출하고 있는 것은 아닌지 생각해 본다.

우리의 밥상머리 교육이 다시 부활하고 자식과 부모의 대화시간이 길어질수록 사회를 이해하고 남에게 피해를 주지 않는 사람이 될 것이라는 점을 우리는 알아야 한다. 그리하여 내가 착하게 아름다운 심성으로 가르쳐온 가정교육이 올바른 교육이었음을 알아보는 사회였으면 좋겠다.

강일엄니

탄생과 성장

자신의 이름이 남들에게 불린 것은 불과 스무 해 남짓,
꼬막장시 강일엄니로 일평생을 살아온
그녀의 성은 '양' 이요 이름은 '경순' 이다.
백운산은 광양의 명산이다.
그 산으로부터 흘러온 물은 옥룡면 물줄기가 동천을 이루고 봉강면 물줄기가 서천을 이루는데 두 물길이 만나는 곳이 도월리 도청부락이다.
그녀의 이야기는 여기서 시작된다.

그러니까 지금(2013년 12월)으로부터 80년 전, 아버지 제주 양씨 서연 옹과 어머니 하동정씨 달막(처재로 불리기도 함)여사 사이에 첫째 딸로 호적에 이름을 올리게 되었다.

여기서 그녀의 어머니에 대한 기막힌 사연을 소개하고자 한다. 정달막 여사의 이름이 둘인 까닭은 집안에 우환이 끊이지 않아 자식들을 낳자마자 4살을 넘지 못하고 이세상과 이별을 해야 했는데 마지막으로 죽은 자식의 인물이 너무 고와서 못 잊고 날마다 자식을 묻어둔 돌무더기에 찾아다니는데 하루는 먹대맹이(능구렁이)가 자식의 돌무더기에 늘어서서 자신을 바라보고 있는 까닭에 혼비백산한 채로 집으로 왔고 그 후로는 더 이상 아기의 무덤을 찾지 않았는데

뒤이어 들어선 아이가 정달막 여사였던 관계로 언제 죽을지 몰라 이름을 짓지 않고 아무렇게나 부르게 된데서 이름이 둘이 됐다고 한다.

그런 덕분인지 장수하여 92세에 별세하셨다 하여튼 정달막 여사는 양 서연 씨와의 사이에 3남 2녀를 두게 되었는데 그중 첫째 딸이 강일이 엄마다.

그녀가 문맹이 된 사연은 여자는 공부를 할 필요가 없다고 하는 남존여비 사상이 현존하는 시대에 태어난 까닭도 있겠지만 정달막 여사의 고된 일과의 산물로 동생들 뒷바라지를 해야 했던 이유도 존재한다.

그녀의 어머니 정달막 여사는 식구들 생계를 위해 먹을거리를 구해야하는 임무가 주어졌다.

새벽이면 일어나서 찬이슬로 발을 적시고 행상으로 생업을 삼았던지라 도청에서 봉강 골짝으로 옥룡 골짝으로 진상면으로 골약면으로, 광양장에서 순천장으로, 옥곡장으로 하동장까지 다니지 않은 곳이 없으니 하루해가 저물고 어두운 밤이 되어서야 집을 찾아 돌아오면 너무도 피곤한 나머지 밥도 뜨는 둥 마는 둥 잠이 들었다.

집으로 돌아오는 길엔 뜰막동길이 있는데 그곳이 귀신이 나온다는 무서운 곳이라서 그녀는 아기를 업고 엄마 마중을 나갔는데 그녀의 외할머니는 두려움을 덜게 하려고 말을 맞춰 주었다.

"경순아, 거기 가냐?"
"예, 여기가요!"
"경순아, 어디만큼 가냐?"

"예, 물방아 꼬랑이요."
"경순아, 어디만큼 가냐?"
"예, 짐샌집 논 있는디요!"
"경순아, 어디만큼 가냐?"
"예, 박샌집 논 있는디 가요!"

이렇게 경순이를 부르는 소리는 뜰막동 들판에 울려 퍼졌고 등 뒤에 할머니가 있다는 생각에 그녀의 두려움은 그만큼 줄어들었다.

당시에 그녀의 외할머니가 딸네 집에서 머물렀는데 앞에서 밝혔듯이 자식들도 많이 낳았지만 4살을 넘지 못하고 다 죽고 친가엔 자식이 없는지라 할아버지가 돌아가시고 혼자 살아남은 딸(정달막 여사)을 의지하며 딸네에 함께 사셨다.

겉보리를 도구통(절구통)에 찧어 밥을 해야 하는 일도, 장사 나가신 어머니를 돕느라 어린 동생들을 업고 길러야 하는 일도, 집안 청소도, 모두가 그녀 차지였으니 남들이 다 하는 공부를 하지도 못했다.

많고 많은 사연들의 연속이 그녀를 가둔 것은 사실이다.

당시에는 서울에서 공부를 마친 마을청년들이 농촌 계몽운동의 일안으로 동청에다가 공부방을 차려 놓고 가난해서 배우지 못하는 사람들을 가르치는 진흥학교가 있었는데 그녀또래 사람들은 많은 혜택을 누렸다.

어쩌면 그때부터 꼬였던 삶이었는지도 모르는 험한 세상 속으로 자신도 모르게 끌려가고 있었다.

결혼 생활

그녀의 나이 스물.

세풍리 세승부락에 정씨네가 살았는데 그 집 다섯째 아들에게 혼담이 오가다가 그녀의 부모는 한 입 덜어보자고 시집을 보냈다 그녀가 시집 간 정씨 집은 본이 경주요 관향이 경주다 그녀의 남편은 경주정씨 70대 손으로 병지씨와 인동장씨 사이에 태어났으며 육남매 중 다섯째인데 6,25전쟁에 나갔다가 옆구리에 총상을 입고 병원에서 치료를 받다가 당시 이승만 대통령이 위문을 왔는데.

"여기서 의가사 제대 하겠느냐, 아니면 군에 남아서 치료를 받다가 다시 복귀할래?"

하는 바람에 전쟁이 두려워 제대를 택했는데 당시에 전쟁 비용도 부족한 정부에서는 제대라는 미끼를 써서 집으로 돌려보내어 치료를 하게 유도했다한다 그렇게 의가사 제대를 하고서도 정부의 혜택은 하나도 받지 못했다.

이유야 어떻든 간에 집에서 치료를 마치고 당시의 농촌 현실이 그렇듯 농번기 이후로는 할 일이 없어 빈둥대다가 아버지의 성화에 아무런 대책도 없이 결혼을 하게 되었다.

이렇게 성사된 혼사인지라 그녀가 막상 시집이라고 와보니 홀시아버지와 병든 홀 시숙, 남편 셋이 사는 방 두 칸 초가에 챗동이에는 누구네 집에서 빌려다 놨는지 쌀 됫박이나 되는 것이 식량의 전부라서 두 끼니 밥을 해먹고 나니 챗동이가 텅 비어버렸다. 밥할 것이 없다고 하면 시아버지가 동네에 나가서 보리쌀 한말이나 되게 빌려와서 먹고, 농사일로 값을 치르며 근근이 목구멍에 풀칠이나 하는 반복 된 삶을 살다가 그녀는 큰아들을 낳았다.

그 무렵 시아버지는 여수 돌산 큰아들네로 몸을 의탁하여 가고 미역 한 줄도 없이 아들을 낳았는데 먹을 것이 없어서 보리개떡 다섯 납댁이를 쪄서 그것으로 끼니를 대신하며 몸조리를 하자니 하도 배가 고파서 여수 큰댁에 가서 고구마라도 얻어오라고 남편을 보냈는데 하루, 이틀이 가고 닷새가 지나도 오지 않는 남편을 기다리느라 목이 빠질 지경이었다.

보름이 다 되어서 남편이 돌아오는데 그렇게도 기다리던 먹을거리는 안 보이고 빈손으로 터덕터덕 무산쟁이 재를 넘어오는 모습을 보니 억장이 무너지고 피눈물이 나왔다.

왜 빈손이냐고 물었더니 농사철이라서 농사일을 돕다가 먹을거리 조금 나눠주라는 말이 안 나와 그냥 빈손으로 왔다고 하는 소리를 듣고 하도 기가 막히고 억울해서 애꿎은 큰동서와 큰 시숙을 원망하며 펑펑 울면서 집으로 돌아왔다.

그 굶주린 생활들이 싫어서 남편이 재훈련(지금의 예비군 훈련) 받으러 간 사이에 이대로는 굶어죽겠다 싶어 숟가락 한 벌 밥그릇 한 벌 냄비 하나에 옷가지만 보따리에 싸서 이고 세 살배기 아들을 들쳐 업고 무작정 집을 나와서 개머리에 월세를 얻어놓고 친정어머니 따라 난전장사를 나가기 시작했다. 훈련에서 돌아온 남편은 그제야 놀란 발걸음으로 찾아와 합류를 하고 이래저래 남의 집 셋방살이로 전전하며 살다가 도월리 친정동네에 정착을 하게 되었다.

그때부터 남편은 간척지 논 개간 하는데 일을 다니며 미국 원조품인 밀가루를 받아오고 훗날은 간척지 땅을 불하받아 쌀밥 구경이라도 하게 되었으니 가정경제가 청신호였다.

집 장만. 논 장만. 2십년 빚잔치

집이라고 세승부락에 살던 집과 서산에 밭 한 뙈기마저 손위 시누이가 아들들 학교 보낸다고 다 팔아버려서 자신들의 집 장만하는 데는 한 푼도 도움이 되지 못하고 허만선씨의 집 셋방에 살다가 만선씨네 가 서울로 이사를 간다고 판다는 바람에 무리해서 빚을 내어 집을 사들였다.

아무것도 가진 것 없이 빚으로만 집을 장만했으니 그 원금과 이자 갚느라 한눈 팔 사이 없는 시간들이 십년이나 흘러가고 그것이 끝나갈 무렵 한해농사 짓던 논이 팔린다는 이야기를 듣고 지금껏 가꿔온 논이 남의 손에 넘어갈 것을 생각하니 이게 아니다 싶어 또다시 빚을 내어 논을 잡았다.

매일 장겟돈을 불입하면서 낙찰 받으면 그걸로 원금에 이자 갚기를 또 십년의 세월이 흘렀다 .

언제나 하나의 사건이 해결되면 또 하나의 사건이 생기는 것은 어쩜 그것이 세상사는 일인 것처럼 그리도 꼬리에 꼬리를 물었으니 이제 살만하다 생각하니 두 칸짜리 초가집에서 스레트 지붕으로, 다락방 달린 셋 칸짜리 48평 기와집 성사까지 목돈 들어가는 일이 꼬리를 이었다.

그래도 고난 뒤에는 복이 온다고 큰 자식 혼사에 손녀까지 얻어서 이제 재미나게 살만 했는데 그것도 복이라고 남편은 뇌졸중에 합병증을 얻어 세상을 떠나고 여자나이 마흔 여덟에 홀로 남아서 자식들의 앞날을 짊어져야 했다.

아들딸의 출가

큰아들(광일)은 경북 봉화군 분천면 소천리에 살던 김해김씨 가문의 딸로 수특 옹과 밀양박씨 영생여사의 사이에 태어난 둘째(태분)와 결혼하여 부산에서 딸 셋(세화, 세정, 세미)을 낳고 살다가 아내 태분은 마흔 일곱 젊은 나이에 심근경색으로 안타까운 생을 마쳤다.

큰 딸은 상주박씨 가문으로 출가 인배와의 사이에 아들(근태)하나 낳고 서울에서 살고 있다 .

둘째아들(종일)은 승주군 해룡면 구랑실 마을에 사는 광산이씨 가문의 병철 옹과 조영자 여사의 사이에 태어난 셋째 딸(경덕)과 결혼하여 아들딸(인지, 수연) 둘을 낳았고 모두 출가하여 잘 살고 있다. 큰 딸 수연은 남씨 집안으로 출가하여 딸(윤아)을 낳았으며 둘째를 가져서 행복해 한다.

아들 인지는 한씨 집안 규수(미란)를 아내로 맞이해서 한참 깨 쏟아지는 삶을 살고 있으며 2세를 가졌다.

셋째아들(영일)은 옥룡 중정리 산본 사는·천안 전씨 가문의 학래 옹과 장서원여사의 사이에 태어난 셋째(화자)와 혼인해서 창원에 살고 있으며 아들딸 둘(해양, 상아) 낳아서 잘 살고 있으며,

넷째 아들(성일)은 순천 매곡동 사는 풍양 조씨 가문의 덕근 옹과 남옥순여사의 사이에 태어난 막내딸(은정)과 결혼해서 아들 둘(신우, 건우)을 낳고 잘 살고 있다.

막내 외동딸(미경)은 신승포 전주이씨 가문의 정석 옹과 박옥례 여사 사이에 태어난 막내아들(충규)과 결혼하여 여수에 살고 있으며 딸(태희) 하나를 낳고 오순도순 잘 살고 있다.

어버이를 큰 나무라 한다.

한사람의 그늘아래 2013년 현재 스물 셋이나 모였으나 그 품은 그들을 모두 안고도 자리가 넉넉하다 과연 한그루의 큰 나무가 맞긴 맞는가 보다 힘든 세상을 살아오며 그래도 자식들의 눈은 다 밝혀놓았으니 그녀로서는 큰 수확을 한 것이고 연약한 여자 혼자의 몸으로 오늘날 남부럽지 않게 이만큼 일구고, 가꾸며 80년 생일을 맞이하며 살아왔으니 그녀의 한 생이 굴곡진 삶이어도 참으로 다복한 삶이다.

백공의 금연이야기

내가 단골로 찾아가는 동네 돼지국밥집에서 허기를 달래고 있을 때였다.

육십 대 초반으로 보이는 중년사내가 담배를 꺼내며 주인아주머니께 말을 건넨다.

"여기서 담배피우면 안되겠지요?"

주인아주머니는 대답대신 호호 웃고 있었다. 손님이 불쾌해 할까봐 대놓고 말은 못하고 멋쩍은 웃음으로 긍정의 대답을 한 것이다.

사내는 일어서서 밖으로 나가 담배 한 대를 피우고 있었다.

지금은 흔히 보는 일이지만 옛날 같으면 생각지도 못할 일이다

그만큼 지금 사회는 시민들이 건강에 대하여 자기 권리를 요구하고 찾는데 법적 제도를 갖출 만큼 성숙했다는 이야기도 되는 것이다.

그 모습을 바라보다가 옛날 생각이 나서 피식 웃음이 나왔다. 그것은 마누라보다도 담배가 더 좋다며 줄담배로 끽연을 즐기던 내가 아직까지는 금연에 성공하고 있기 때문에 성공한 자의 여유를 웃음으로 보일 수 있는 것인지도 몰랐다.

1960년대 초의 어린 시절 농촌은 가을걷이가 끝나고 초가지붕이우기를 마치면 딱히 겨울에는 할 일이 없었다. 지금처럼 직장이 많지도 않았고 그렇다고 지금처럼 원예농업이나 특용

작물의 재배로 돈을 벌어 쓸 줄도 몰랐다.

그저 화투판이나 윷놀이 등으로 소일하기 일쑤였다 어쩌면 지식의 부재에서 오는 지극히 당연한 현상일 수밖에 없었다. 말이 있다 [가난은 나랏님도 어쩔 수 없다.]라고. 예로부터 양반이 아니면 글을 깨우치지 못하게 했으니 어찌 나라가 잘 되었겠는가 그 대 물림이 해방이 되고 6,25를 겪고도 얼마동안 이어지고 있었으니 나이든 사람들이 무슨 지혜로 삶의 질을 찾았겠는가. 그냥 닥치는 대로 사는 것뿐이었다. 그러기에 나랏님도 어쩔 수 없다고 했는지 모르겠다. 하여튼 농사철이 끝나면 무료했던 농군들이 찾을 곳이라곤 동네 사랑방이고 자연스레 아이들도 모여드는 곳이었다. 왜냐면 먹을 것이 어른들에게서 나왔으니까 다시 말하자면 어른들은 모여서 화투를 치거나 윷놀이를 하는데 모두가 재미로 하는 것이 아니라 돈을 걸고 투전을 하기 때문에 돈을 딴 사람들이 술을 사고 아이들은 술심부름, 담배심부름으로 용돈도 얻고 술안주로 만드는 파전이나 고구마 등도 얻었으니 동네 사랑방 마당은 아이들의 놀이터가 되기 마련이다 용돈을 벌고 먹을거리가 생기기 때문이다 또한 남편의 투전 놀이를 막아보려고 아주머니들이 달려들어 가끔씩 싸움이 일어나면 구경도 그런 구경거리가 없었다. 그런 문제를 해결 하려고 고등학교(사범학교 포함)와 대학을 나온 젊은이들이 농촌 계몽운동의 일환으로 글을 가르친다고 동청회관에 공부방을 만들어 무지를 깨우치며 가르침에 팔을 걷어붙였다.

우리 마을에서 본동까지 시냇물을 건너가야만 술집이 있었고 구판장이 있었던 관계로 돌다리(징검다리 또는 노둣돌이라고 함)를 건너야 그것들을 사올 수가 있었다.

훗날 정부의 새마을 사업으로 정부에서 철근과 시멘트를 대고 마을사람들의 부역으로 모래와 자갈을 모으고 콘크리트를 치며 50m의 거대한 다리가 동민들의 힘으로 놓였지만 그런 것이 없던 어린 그 시절은 돌다리 건너서 구판장에 다녀오는 것이 참 힘들었다. 이 바위에서 저 바위까지의 거리가 문제이고 여름엔 조금 덜하지만 겨울엔 물을 덮어쓴 돌이 미끄럽기 때문에 자칫하면 안고 있던 유리로 된 술병이 미끄러워서 깨뜨리고 혹은 다치기 때문이었다. 지금이야 양은 주전자나 스텐주전자가 많지만 당시는 몇 집 걸러 하나 정도여서 소주병 대병(2 리터)으로 술을 사다가 날랐다 아버지들은 그래서 자기 자식들에게 술심부름을 못하게 하지만 손에 들어오는 용돈의 유혹을 떨칠 수는 없었다. 어떤 아이들은 심부름을 하면서 슬쩍 한모금하고 줄어든 양만큼 물을 채워 가기도 했지만 빨개지는 얼굴 때문에 금방 들통이 나서 꾸지람을 듣기도 했다.

그런 환경에서 보는 교육이 담배와 투전놀음 싸움질이니 훗날까지도 그 영향에서 벋어나지 못하는 것이다.

나도 그 일에서 예외가 될 수는 없었다. 어른들의 담배피우는 모습과 술 마시는 모습이 그렇게 멋있어 보일 수가 없었기에 얼른 어른이 되고 싶기도 했다 어른이 되면 술도 맘껏 마시고 담배도 실컷 피울 수 있으니까 담배를 피우고 술을 마시면 다 어른이 되는 줄 알았으니까 또한 그때는 달력에 모델 사진들이 멋진 영화배우였는데 마도로스파이프를 물고 있는 사진들이 많았고 그 멋진 모습에 홀딱 반해서 대나무 뿌리로 파이프를 만들어 담배를 피우는 흉내를 내기도 했었다.

그런 유인물이 많았던 까닭도 내가 담배를 배우게 된 원인 중에 하나다 술은 어렸을 때는 멋모르고 마셨지만 성인이 되고부터 체질적으로 맞지 않아서 못 마시게 되었다.

당시의 담배는 봉초라는 것에 백조와 새마을이란 이름과 신탄진 최고급 담배로 청자와 한강이 있었던 걸로 어렴풋이 기억이 되지만 확실하지는 않다.

1971년 명승이란 담배로 기억이 되는데 파고다나 남대문인 것도 같고 아무튼 자세한 기억은 지워지고 없다 하여튼 당시에 담배 피우던 친구에게 무슨 맛으로 피우냐고 물으니 직접 피워보라며 친구가 권하던 새 담배개피를 독해서 다 어떻게 피우냐고? 피우다 꺼놓은 꽁초를 피워 물고 연기 한모금도 아까우니 계속 들이마시라는 친구들 말에 그래야 되는 줄 알고 들이마신 담배연기가 마치 술을 마신듯 몽롱해 지는 것에 놀라 중단을 하고 가끔씩 술을 마시고 싶을 때에 남이 피우다 버린 담배꽁초를 주워 피우며 그 몽롱함을 즐긴 게 명승, 파고다, 남대문으로 시작해서 한때는 줄을 서서 구입했던 최고급인 솔담배가 최 하위급 담배로 하락했던 1996년 12월 25일까지 26년 세월 동안 계속 되었다.

이십육 년이나 피우던 담배를 참아온 것이 그럭저럭 15년이 다되어간다 별것도 아닌 아주 작은 호기심 하나로 시작했던 끽연 생활이 내 건강을, 내 가족의 건강을, 내 이웃의 건강을, 해칠 줄도 몰랐고 그저 피우면 되는 것으로 생각했다 흔히들 말하기를 내돈주고 담배사서 피우는데 누가 뭐래느냐는 식이었다. 아침에 눈뜨면 담배로 시작하고 저녁에 담배를 물고 잠들어야 내 손에서 담배를 떼어놓을 수 있었다.

그런 생활 속에서 물고 자던 담배 불씨가 이불에 떨어져 불 날 뻔한 적도 있었고 옷이란 옷이 담배 불구멍으로 다 버려놨던 때가 생각 날 때면 나도 왜 그랬는지 알 수가 없다 아침 출근시간이면 담배 챙기기에 급급하고 가는 곳마다 재떨이를 두고 살았으며 재떨이 주변에 날리는 재의 지저분한 모습들은, 또 그 악취들은, 밑바닥 인생을 사는 내 모습이나 다를 바가 아니었다.

작은 호기심으로 시작한 담배가 금연을 마음먹은 것은 끽연 후 3년이 지나고 부터이다 그렇게도 즐기던 끽연을 중단하려 했던 것은 어른들을 피해서 담배를 피우는 것이 무슨 죄짓는 기분이 들어서였다 그렇지만 마음과는 달리 마치 달콤한 꿀물처럼 찰싹 달라붙은 흡연의 유혹은 금연을 하려 하면 할수록 더 강하게 끽연을 부추겼다 결국은 금연에 실패하고 말았다 그 일로 인해 하루 반 갑을 피우던 것이 한 갑을 피우게 되었다 그 후로 군 입대를 하고 공식적인 흡연을 하게 되고부터 더 헤어날 수 없는 구렁텅이로 떨어져 내리고 말았다.

두 번째 금연을 시도한 시기가 결혼을 한 이후 아이들이 자라면서부터 아내와 아이들이 줄곧 담배 좀 끊으라고 성화를 대면서 부터다 끊어야지, 끊어야지, 하면서도 나약한 정신은 번번이 도전에 지고 마는 결과를 얻어내었다 결국 스스로를 이길 수 없어 약물에 의지하기로 했다 약국에 들러서 당시에 금연약이라고 하는 씹는 금연껌을 한통 사서 주머니에 넣고 집으로 돌아왔다.

이게 무슨 효과가 있을까 싶어 하나를 씹고 담배를 피워보니 담배 맛이 안 나는 것이 어쩌면 성공 할 수 있겠다 싶어 설명서를 보니 설명서에는 일주일 분량이라고 써 있는것을, 껌인데 뭐 어쩔까 싶어 담배가 생각날 때마다 씹다보니 아침 10시 조금 지나서 그 약 한통을 다 씹고 말았다 그래도 아무렇지 않게 일을 하고 있는데 한 순간 눈앞이 깜깜해지더니 어질어질하고 구역감도 느껴서 휴게소로 들어와 잠시 누워있는데 하늘이 빙글 돌더니 땅이 꺼져 내리는 느낌이 드는 것이었다. 누워도 일어나도 하늘이, 땅이, 보이는 것 모두가 회전을 시작하는데 왜? 이러는가 싶어 덜컥 겁이 나고 이거 내가 죽을 병 걸린 것이 아닌가 싶어서 앞 뒤 가림 없이 기다시피 시골길을 달려서 친구가 운영하는 약국에 도착하여 자초지종을 이야기 하니 친구 왈 “혹시 약을 잘못 먹었는가?”한다. 그래서 약 먹은 일이 없다고 했더니 이상하다고 고개를 갸웃갸웃하는 것이 아닌가. 만약에 약을 잘못 먹은 것이 아니라면 빨리 병원으로 가야 한다고 자세히 생각해보라고 하는 것이다 가만히 생각해보니 껌 생각이 나서 어제 모 약국에서 사온 담배 끊는 껌을 이야기 했더니 얼마나 먹었느냐는 것이다 한통을 10시 조금 넘어서 다 먹었다고 하니 깜짝 놀라며 하는 말이

“허허!~ 이 사람이 죽으려고 환장을 했구먼. 그거 일주일을 먹어야 하는 만큼 독한 것인데 위 다 버려 이 사람아!”하는 것이 아닌가.

하여튼 그런 일이 있은 뒤부터 아예 담배 끊기를 포기하고 말았다 그냥 그렇게 살다가 죽겠다는 생각이 강하게 두뇌를 점령하고 말았다.

그렇게 두 번째 세웠던 금연 계획은 허무하게 무너지고 말았다 하루 한 갑을 피우던 담배가 그 후 두 갑으로 늘게 되었다.

귀농 10년이 실패로 돌아가고 부산을 다시 찾았지만 도시 빈민으로 떨어지고 이를 안타깝게 생각한 동생의 소개로 가족을 남겨두고 홀로 고향에 있는 모 대학에 기능직사원으로 채용이 되었으나 한참 돈을 필요로 하는 집안 사정이 쥐꼬리만 한 임직 초봉 월급 60만원으로는 도저히 버티기가 힘들었다. 그럭저럭 일 년이 되었는데 이사장 겸 총장은 약속을 지키려는 기미는 보이지 않고 차일피일 정직 채용을 미루고, 거기에 회의를 느끼고 다시 부산으로 와서 생활고 탈출을 목표로 찾아간 곳이 삼성중공업 사내협력업체이다 거기서는 작업장 내에서도 지정된 장소 외엔 담배를 피울 수가 없었고 지정된 장소와 화장실에서만 흡연이 가능한 일이라 참았던 담배를 피우기 위해 30분 간격으로 화장실로 달려가 담배를 피워야 했다. 당시부터 서서히 불기 시작한 금연 열풍에 끽연가들은 차츰 갈 곳을 잃어가고 있었다.

한번은 친구 모임 때문에 제주도를 가게 되었는데 김해공항에서 담배를 피우려고 재떨이를 찾아보니 아무데도 보이지가 않았다 그냥 피워 물었더니 공항 직원이 좇아와 공항 내 모든 곳이 금연 장소라서 담배를 피울 수 없다고 했다. 그러면 어디서 피울 거냐고 물어보니 손으로 가리키는 곳에 조그만 흡연부스가 설치되어 있고 그곳을 들어가니 세상에나! 이게 어찌 사람으로 봐야하는가 꽉 막힌 공간에 자욱한 담배연기 더럽기 짝이 없는 재떨이와 뱉어놓은 가래들 이렇게라도 담배를 피워야 하는가 싶어 그곳을 나오고 말았다 내 돈 주고 산 담배를 맘대로 피울 수 없는 세상이 된 것이다 순간 끊어야 된다는 생각이 무의식을 깨웠고 또 한 번의 금연과의 전쟁이 시작되었다. 한 달 용돈 중에 담배를 사기위해 정해놓은 돈으로 껌을 사고 담배생각이 날 때마다 껌을 씹고 물을 마셨다. 하지만 그것도 그리 오래가지 못했다. 하루 내내 껌을 씹다보니 아귀가 아파서 밥 먹는데도 지장이 많았을 뿐 아니라 꼭 담배를 끊어야 하는가? 라는 나약한 마음이 고개를 들고 일어났는데 거기다가 힘든 일을 하다 보니 잠시 짬을 내어 쉬어야 하는데 담배를 피울 때면 담배 한 대를 핑계로 댈 수 있지만 아무 이유 없이 쉰다고 하면 이상한 눈으로 바라보는 사회상이 문제였던 것이다 그렇게 또 한 번의 금연 도전이 실패로 끝났다. 이상하게도 끊으려다 실패하고 나면 꼭 양이 늘어서 하루 두 갑을 피우던 담배가 두 갑 반이라는 내 끽연생활에 최고기록을 세우게 되었다.

마지막 금연을 시작하게 된 것은 우연한 사건 하나로부터 시작 되었다 특근 관계로 일요일에 집에 가지 못한다고 전화를 하기위해 공중전화 부스를 찾았는데 평상시처럼 담배를 피워물고 통화를 하다가 인기척에 밖을 보니 여고생 한 아이가 가다리고 있었다. 집에다가 잠시 후에 전화 하겠다고 말하고 양보를 했는데 전화를 하려고 들어간 학생이 뛰쳐나오면서 목을 쥐고 어쩔 줄 모르고 발악을 하는 모습을 보게 되었다 깜짝 놀라서 왜 그러냐고 물었더니 원망어린 눈초리로 "아저씨 꽉 막힌 곳에서 담배를 피우면 어떡해요 죽는 줄 알았어요."하면서 눈을 허옇게 뜨고 노려보았다.

나는 그 학생의 행동이 참 별나다. 라고 생각하고 부스 문을 열고 들어가 하던 전화를 마쳤다 그 일이 있고 후일 집에 들러서 그 이야기를 아내에게 했더니

"당신 모르지 우리가 얼마나 고통을 받는지 솔직히 당신이 없을 때는 집도 깨끗하고 냄새도 안 나는데 당신만 오면 온 집안이 역한 담배냄새로 코를 들 수가 없어요. 애들도 당신이 와서 담배를 피우면 기침을 심하게 해요. 애들에게도 굉장히 안 좋다는데 그만 끊어요."한다.

실제로 나는 위로를 받기위해 말을 건넸는데 아내의 말에 큰 실망과 충격을 받았다 거기다가 설상가상이랄까 사내에서 건강검사를 했는데 항상 하는 일이라 대충 하는 검사라고 대수롭지 않게 생각하고 점심식사 후에 느긋하게 커피를 마시고 30분 후에 담배를 서너 개비 피우고 건강검사를 했는데 식사 후에 커피를 마신게 문제가 되었는지 심박이 불규칙해서 심장병 초기 증상이 있으니 다시 검사를 받으라는 통지를 받았다. 바짝 긴장이 되었다 그 다음 2차 검사 통보를 받고 전날 저녁부터는 아무것도 먹지 않고 신체검사에 들어갔다 결과는 이상무. 그런데도 내 뇌리에서는 심장병에 대한 경각심을 떨칠 수가 없었다. 그런 염려는 다시 한 번 금연을 떠올리게 되었지만 막상 실천에 옮기기는 죽기보다 힘든 일이었다. 그해 12월 25일 크리스마스를 맞이해서 식구들과 나, 그리고 이웃에게 큰 선물을 결심했다 그것이 금연의 시작이었다. 걱정은 되었지만 결심을 단단히 굳혔다.

내 자신이 지금껏 밑바닥을 걸으며 사는 것이 자신과의 싸움에 진 때문이다 이까짓 백해무익한 담배하나 끊지도 못하면서 무엇을 한다고 하겠는가. 이제껏 실패를 하면서도 끊어내지 못한 나태한 정신으로 살고 있으니 내 생활이 이 모양이지 이제는 나와의 싸움을 시작해 보자 어떻게든 성공해 보리라 다짐에 다짐을 거듭하며 실천의 목표를 정해야 했다.

1. 우선 3일만 참자 = 담배대신 껌을 씹자 아귀가 아파 밥을 못 먹어도 죽기보다야 더하겠는가!

2. 3일을 넘기면 1주일을 참자 = 껌에 의존하던 것을 물로 대체하자 물만으로 끽연의 유혹을 벗어나보자.

3. 1주일 후엔 한 달을 참자 = 그 다음엔 생황에 따라서 대처하자.

1) 우선 1단계 = 3일을 버티기 도전에 들어갔다 예상했던 대로 금단현상과 껌 씹기로 인한 고통을 일에 파묻으며 버텨냈다 그렇게 1단계를 성공하고 보니 약간의 자신감이 생겼다 하지만 금단현상은 정말 버티기 힘들었다. 주변의 동료들이 담배를 피워대면 미칠 것만 같았다 그럴수록 더 열심히 일에 파묻혔다.

2) 2단계 = 3일을 넘기니 이제부터는 물로서 일주일을 버텨보자 라고 스스로를 독려했다 하지만 쉬운 일은 아니었다. 껌도 씹지 않고 입을 다물고 물만으로 버티자니 입안이 텁텁하고 입 냄새로 고생이 많았다 담배를 피울 때는 담배냄새로 대체가 되었지만 대체할 것이 없으니 남들과 말하기도 꺼려지는 것이었다.

그래서 당분간은 껌과 물을 병행하기로 했다 그렇게 버틴 게 기적처럼 일주일이 흘렀다.

3) 3단계 = 1주일이 지나고나니 어느 정도 인내력도 길러지고 자신감도 생겼다 그렇지만 금단현상은 여전히 맹위를 떨쳤

다 그렇지만 이제부터 자신과의 싸움이 시작 된 것이다. 그래서 생각한 것이 자신을 사랑하는 것이었다.

"장하다 광일아! 지금껏 참았으니 끝까지 참아보자 지금 다시 흡연을 시작하면 그동안 고생한 것이 물거품이 되지 않느냐 참자, 참자! 이번에 실패하면 다음은 없다."

이렇게 스스로를 격려하며 1, 2단계를 병행하며 참아온 것이 어느덧 한 달을 넘겼다.

그러다보니 어느 샌가 서서히 금단현상이 사라짐을 느꼈다.

이제는 삼 개월이다 새로운 목표를 설정하고 담배에 대한 생각을 지우기로 했다 끊으려고 집착을 보이는 만큼의 유혹도 비례한다는 것을 느꼈던 것이다 이제는 끊는다는 것보다 그때그때 생각 날 때마다 지금껏 참아온 수고를 아깝게 생각하고 참는데까지 참자고 버티기 작전으로 나갔다. 그런 수고로움 덕분인지 삼 개월이 지날 즈음엔 제법 금연의 욕구는 멀어져 가고 있었다. 이제는 웬만한 유혹은 견뎌낼 정도의 단계에 이르렀다 성공이 눈앞에 보였다.

그 후로도 흡연의 욕구가 생기면 애써 할일을 찾았다 그런 덕분에 금연으로 인한 성과가 나타나기 시작했다 우선은 흡연 욕구를 떨구려고 일에 묻혀 지낸 시간동안 작업 실적이 몰라보게 향상되었다는 것이다.

뿐만 아니라 작업과정의 잘못된 부분과 개선할 점들을 찾아내어 수많은 제안서를 내기에 이르렀고 그것을 인정받아 모범상도 받고 가끔씩 제안 수당도 받아서 동료들과 회식도 할 수가 있었기에 직장에서 인정받는 사람이 될 수가 있었다. 그런 재미가 붙어서인지 담배 생각은 저만치 물러나고 이렇게 26년 끽연 생활은 막을 내렸다 참으로 긴 세월 고생을 돌이켜 생각한다는 것만도 끔찍한 것이 끽연생활이다.

얼마 전에 우연히 티브이 위기탈출 프로그램에서 흡연이 사람을 위기로 내모는 장면을 보게 되었다. 기관지 천식이 심한 여고생이 버스정류소에서 차를 기다리다가 갑자기 쓰러져 사경을 헤매는 장면인데 중증 천식장해가 있는 사람이 막힌 공간에서 흡연연기를 심하게 흡입할 경우 사망에 이를 수도 있다는 의사의 말에 깜짝 놀랐다. 그것은 15년 전에 공중전화 부스에서 겪었던 그 여학생이 언뜻 생각났기 때문이다 가슴이 덜컥 내려앉았다. 내 무지로 인해 죄 없는 아이가 하마터면 죽음에 이를 뻔, 하였다고 생각하니 소름이 돋아 올랐다. 그때 그 학생의 괴로워하는 모습이 생생히 떠올랐다 그것도 모르고 너무 오버한다고 생각했으니 내가 죽일 놈이 아닌가. 그럭저럭 십 수 년이란 세월이 흘렀다.

십 수 년여의 시간이 흐른 지금은 언제 담배를 피웠나 할 정도로 담배냄새가 싫다 역한 냄새뿐 아니라 지저분하고 자칫 폐와 심장에 큰 해를 입힐 수 있기에 끽연가 곁을 의식적으로 피하게 된다. 그래서 요즘은 끽연가들에게 금연을 권고한다.

진짜 아무런 득도 없는 것을 뭐 하러 피우냐고, 그럴 때마다 그들은 말한다. '내버려둬요 이대로 살다가 죽으렵니다.' 한다. 아무 생각 없이 뱉어내는 말이다 진정 생각해 볼 일이다 왜! 그 많은 끽연가들이 금연을 생각하는가. 사실 담배를 피우는 사람이면 한번쯤은 생각해 보았을 것이다 끽연이 그만큼

나쁘다는 것은 모르는 이는 없기 때문이다.

그러면서도 담배를 끊지 못한다. 강력한 금단고통 때문에 못 끊는다는 것이다 그래서 포기하고 산다고 하지만 기억해야한다 금연을 하고 십 수 년이 되었지만 아직도 정밀검사를 받으면 옛날 흡연 때 쌓였던 니코틴일종인 타르가 검사된다는 것을 그렇게 독한 것이 담배라는 것을… .

우리사회에서 [필요악]이라는 물질 중에 [술과 담배]를 대표로 꼽을 수 있다 어쩌다 맛을 본 것이 죄가 되어 안 먹고 안 피우면 꼭 죽을 것만 같은 것들 끊으려 해도 극심한 금단현상으로 끊을 수 없기에 심약하면 죽을 때까지 못 끊고 그로 인한 부작용을 안고 살아간다. 하지만 나는 감히 충고하고 싶다 흔히들 [이대로 살다가 죽는다]는 그 무책임한 말. 그로인해 몹쓸 병에 걸리면 [당신도, 가족도, 경제도, 전멸이다]라는 걸 분명히 밝혀두고 싶다 말이 쉬워 이대로 살다가 죽는다고 하지만 음주운전과 흡연으로 인한 교통사고와 각종 사회적 범죄의 심각성을 모르는 사람은 없을 것이다 뿐만 아니라 막상 몹쓸병에 걸리면 그로인한 고통에 몸부림치며 살려달라고, 살고 싶다고, 끝까지 매달린다. 내가 왜 그것을 끊지 못해 이러는지 모르겠다고 하소연 할 때면 정말 대책이 없다.

물론 만약을 대비해서 보험을 들어놓지만 내가 고통에 시달리다 가는데 가정과 돈이 무슨 소용이 있겠는가? [끊어라!, 끊어라!]는 말이 잘못인가는 전 세계의 애연가나 애주가들이 주위 깊게 생각해 볼 일이다.

몇 달의 고통을 못 이겨 평생을 고통 속에서 살다가 가야하겠는가 말이다.

한 가지 덧붙이자면 국민의 생명과 재산을 지키겠다는 정부가 그것들을 만들어 팔아서 이익을 챙기고 있으며. 국민이 병들자 이번에는 상법과 개인의 기호식품과 먹을 것의 자유를 외치고 있다는 것이다 또한 이보다 한술 더 뜨는 것은 몸에 해롭다고 금연 금주를 외치고 있으니 참으로 희한한 세상에 우리는 살고 있다. 그것들을 없애자니 막대한 세수를 대체할만한 세원이 없단다. 그들로 인해 다른 사람들이 고통을 받고 몹쓸 병에 걸려 병원비로 사라져가는 돈이 얼마인지 계산은 해보았는지 모르겠다.

"허허!~ 국민의 목숨을 담보로 돈을 벌다니 쯧쯧쯧,"

하기는 그들을 치료하며 벌어먹고 사는 사람들이 있으니 참으로 빌어먹을 세상이다. 외국에서는 자기들 담배를 안사면 우리의 공산품도 사지 않겠다고 협박을 하는 세상이 되었다 그만큼 우리의 술과 담배시장이 황금알이라는 것이다 건강을 떠나서 국익차원에서라도 금연 금주는 정말 깊이깊이 생각해볼 심각한 문제이다.

이상은 백공의 금연이야기이다.

별 볼일 없는 이 사람의 체험수기이지만 이 글을 읽고 많은 사람들이 흡연과 음주의 위험을 알고 거기에 대처해가며 금연하고 금주했으면 하는 바람이다. 뿐만 아니라 이제 막 호기심을 가지고 흡연과 금주에 다가서려는 사람들이 있다면 경고의 메시지가 되었으면 한다. 내 하나만 죽는 것이 아니라 나로 인해 죄 없는 주변 사람들이 당한다는 걸 꼭 명심했으면 좋겠다. 나는 아니라고 고개를 저어대겠지만 참고삼아 내가 겪었던 사건 두어 가지 소개하려 한다.

처음 애기는 오토바이를 타고 가다가 교차로 한 복판에서 오도 가도 못하는 아주 위험하고 황당한 일을 당했었는데 그것이 앞에 가던 차에서 던져버린 담배꽁초 때문이었다. 눈에 맞은 담배로 인해 갑자기 통증이 몰려오고 눈물이 앞을 가려 눈을 뜰 수가 없었는데 신호가 바뀌어버린 것이다 달려오는 차량들에서 쏟아지는 욕지거리와 차량들의 경고음은 어디로 오토바이를 이동해야할지 판단이 안 섰으니 지금 생각해도 아찔한 상황이었다.

다른 하나는 겨울날 새벽인데 읍내 시장에 어머니를 모셔다주고 돌아오는 길에서 담배 생각이 나서 한 대를 물었는데 바깥이 추운지라 차의 문을 약 2센티 정도만 열어놓고 재를 털었는데 아차! 그만 재뿐만 아니라 불씨가 안으로 떨어져서 엉덩이 밑으로 들어오는 것이 아닌가. 불날 것을 생각해 손으로 털어내었지만 불씨는 자꾸만 깊은 곳으로 들어가고 그러다보니 운전 중이라는 것을 깜박 잃고 고개를 시트 쪽으로 돌리고 말았으니 뒤이어 들려오는 소리. 우당탕, 쿠쿵, 하며 차가 언덕아래로 내려가 버린 것이다 다행이 언덕 아래 논에는 물이 꽁꽁 얼었고 농기계가 나갈 수 있는 길이 있어서 무사히 빠져나왔지만 그 또한 큰일 치를 사건 중에 하나였다.

또 하나를 더 이야기 한다면 역시 오토바이를 타다가 일어난 사건인데 읍내에 볼일이 있어서 올라가는데 동네 사는 박씨아저씨가 같이 좀 타자고 해서 그러시라고 뒤에 태웠는데 마침 담배를 물고 계셨던지라 달리면서 생기는 바람에 담배 불씨가 떨어져 두 사람의 사이에 떨어지고 말았다 한참을 달리는데 옷 타는 냄새가 나서 오토바이를 세우고 보니 박씨 아저씨의 점퍼에 불이 붙어있는 것이 아닌가! 다행이 몸에까지는 전개되지 않아서 점퍼만 버린 일이지만 큰일 치를 뻔 했다.

수많은 사건들이 있었지만 여기서 접으려 한다. 이미 모든 끽연을 즐기는 사람들은 몇 번 겪은 일이었을 테니까.

다만 지금까지의 이야기가 제발, 백해무익한 담배를 버리고 다른 누구도 아닌 나와 사랑하는 내 가정, 내 주변의 선의의 피해자를 배려하는 차원에서 금연에 도움이 되었기를 간절히 바랄 뿐이다.

먼 기억 속의 털외투

백공 정광일 詩人 시화집

인쇄일_ 2013년 12월 25일
발행일_ 2013년 12월 30일

지은이_ 정광일
펴낸이_ 최경식
펴낸곳_ 도서출판 청옥문학사
디자인_ 문화마을

등록번호_ 제10-11-05호
주 소_ 부산시 동래구 명륜로 203-6 (명륜동696-38)
전 화_ 051-517-6068
팩 스_ 051-529-6068
E-mail _ kyu500@hanmail.net (출판사)

ISBN 978-89-97805-15-0
값_ 10,000원